챗GPT 완벽 활용!

비즈니스맨을 위한

프로그래밍

공부법

ChatGPTを徹底活用！ ビジネスパーソンのためのプログラミング勉強法
(ChatGPT wo Tetteikatsuyo Business Person no Tame no Programming Benkyoho : 6190-7)
© 2024 Ryohei Horiuchi
Original Japanese edition published by SHOEISHA Co.,Ltd.
Korean translation rights arranged with SHOEISHA Co.,Ltd. through Shinwon Agency Co., Ltd.
Korean translation copyright © 2025 by SJW International

챗GPT 완벽 활용!

비즈니스맨을 위한

프로그래밍 공부법

호리우치 료헤이 지음 | 박수현 옮김

시원북스 **SE** SHOEISHA

▌프로그래밍 학습이라는 과제

프로그래밍 학습은 만만치 않다.

최근에는 직장인들이 반드시 갖추어야 할 기술이자 업무에서 IT를 활용할 줄 알아야 하는 한편, 수많은 사람이 프로그래밍을 학습하는 데 어려움을 겪고 있다. 이 책을 펼친 사람 중에도 지금 어떻게 학습해야 할지 고민 중인 사람이 있지 않은가? 혹은 '프로그래밍은 내가 할 수 있는 게 아닌 것 같아.' 하고 주저하고 있거나, '도전해봤다가 도중에 좌절하고 말았어.' 하는 사람도 있을 것이다.

나도 프로그래밍에 어려움을 느끼는 마음을 잘 안다. 여기서 잠깐 자기소개를 해볼까 한다.

나는 프로그래밍 경험이 없는 상태에서 IT 업계에 들어가서 프로그래밍을 배우느라 무척이나 고생했다. 신입 사원 연수를 받을 때 코딩 시험에서 10점을 받은 적도 있다. 그래도 효과적인 학습 방법을 찾아 내 차차 IT 전문가로서 기술을 익혔다.

그 경험을 통해 '프로그래밍 기술을 더 쉽게 배울 수 있도록 하고 싶다'는 생각을 하게 되었다. 지금 사회는 인력 부족, 특히 디지털 인재 부족이라는 큰 과제에 직면해 있다. 이 과제를 교육 측면에서 해결하고 싶다는 마음에 온라인 프로그래밍 학원의 대표로서 그동안 프로그래밍을 해보지 않은 많은 사람들과 직장인들이 학습하고 목표를 달성할 수 있도록 힘을 보태왔다.

현재 일본에서 이 서비스를 이용하는 사용자 수는 5만 명이 넘으며, 많은 유명 기업에서도 신입 사원 연수에 도입했다.

이처럼 나는 지금까지 '어떻게 하면 프로그래밍 학습을 성공시킬 수 있을까?'라는 주제를 중심으로 경력을 쌓아왔다.

그리고 이 주제에 몰두해왔던 오랜 경험을 집약하고자 이 책을 집필하기에 이르렀다. 프로그래밍 학습을 성공시키기 위한 비결을 알려주려 한다.

▌챗GPT를 활용한 프로그래밍 공부법을 익히자

이 책은 생성형 AI 서비스 '챗GPT'를 활용한 프로그래밍 공부법을 소개하는, 새로운 시대의 공부법 가이드북이다.

이 공부법은 다음과 같은 다양한 유형의 학습자에게 도움이 된다.

• 챗GPT는 독학으로 공부 중인 사람이 불안해지거나 어려움에 직면했을 때 든든한 아군이 되어준다. 혼자 공부하면서 생기는 궁

금증과 복잡한 문제들을 해결하는 데 도움이 된다.

- 프로그래밍 학원에 다니는 사람이 자습할 때도 도움을 줄 수 있다. 학원 과제를 할 때 드는 궁금증에 빠르게 대답해주는 등 학습을 원활하게 진행할 수 있게 도와준다.
- 신입 사원 연수 등을 통해 프로그래밍을 배우는 사람들에게도 한정된 연수 기간 내에서 학습 효율을 높이는 데 도움이 된다

이 책은 앞으로 프로그래밍 학습을 시작하는 사람은 물론이고, 기존의 학습 방법으로 도전했다가 좌절했던 사람들도 꼭 한번 따라 해보았으면 하는 새로운 아이디어들로 가득하다.

더불어 이 책에서는 디지털 사회에서 활약하는 데 필요한 '학습을 위한 사고법'을 익히는 것도 목표로 한다.

프로그래밍을 배우면서 '프로그래밍식 사고'가 길러지듯이 챗GPT를 이용하여 학습하면 생성형 AI를 비롯한 새로운 디지털 기술을 배우는 데 도움이 되는 '생성형 AI 시대의 학습 마인드셋'을 갖출 수 있다. 이 책은 이러한 새로운 사고방식도 다루며 독자 여러분이 앞으로 디지털 기술을 학습하는 데 도움이 될 수 있도록 구성되어 있다.

▌이 책의 구성

이 책의 내용은 '진짜 도움이 되는 것'에 초점을 맞추어 바로 따라 해 볼 수 있는 많은 팁과 실전 프로그램으로 구성되어 있다.

Chapter 1과 Chapter 2에서 기본적인 챗GPT 사용법과 효과적인 질문 방법, 주의 사항 등 프로그래밍 학습에 필요한 기초 지식을 다룬다.

Chapter 3과 Chapter 4에서는 챗GPT를 활용하는 데 효과적인 팁 총 30가지를 '기초편'과 '응용편'으로 나누어 소개한다.

Chapter 5~7에서는 여러분이 만들고 싶은 것을 구현할 수 있도록 실전 가이드를 준비했다. Chapter 5에서는 '웹 서비스 작성'(HTML/CSS, JavaScript 사용), Chapter 6에서는 '엑셀 업무 효율화'(엑셀 VBA 사용), Chapter 7에서는 '데이터 분석'(파이썬 사용)으로, 각각 다른 주제에 따라 프로그래밍 기술을 실전에서 활용할 수 있다.

마지막 장인 Chapter 8에서는 "'챗GPT×프로그래밍'을 경력에서 살리기"를 주제로 프로그래밍을 학습한 후 경력에서 어떻게 활용할지에 대해 다룬다.

이 책을 펼쳐 든 독자 여러분이 챗GPT를 이용한 공부법을 익혀서 효율적으로 프로그래밍을 배우고 각자의 자리에서 활약하여 사회의 디지털 전환(DX)이 진행된다면 기쁠 따름이다. 그럼 바로 시작해보자.

시작하며   004

다운로드 데이터 안내   014

Chapter 1
챗GPT가 만들어 내는 새로운 시대의 프로그래밍 학습

01   프로그래밍 학습이라는 과제   018

02   프로그래밍을 배우고 "DX 인재"가 된다   027

Chapter 2
챗GPT×프로그래밍 학습의 기초 지식

01   챗GPT의 기초 지식   034

02   챗GPT를 시작하는 방법   038

03   챗GPT로 할 수 있는 일   040

04   챗GPT를 사용할 때 주의할 점   046

05 왜 챗GPT×프로그래밍 학습이 효과적일까? 049

06 프로그래밍 학습에 챗GPT를 이용하는 방법 052

Chapter 3

챗GPT를 활용한 프로그래밍 학습 (기초편)

01 프로그래밍 학습에 챗GPT를 활용하는 30가지 팁 056

02 (Tips 01) 학습 로드맵을 그린다 061

03 (Tips 02) 환경 구축의 벽을 뛰어넘는다 067

04 (Tips 03) 난해한 전문 용어를 쉽게 이해한다 071

[생성형 AI 시대의 학습 마인드셋]
- (1단계) 질문하는 능력을 키우다 075

05 (Tips 04) 오류를 해결한다 077

[생성형 AI 시대의 학습 마인드셋]
- (2단계) 오류에서 배운다 081

06 (Tips 05) 단순한 실수를 찾아내 학습에서 낭비를 줄인다 082

[생성형 AI 시대의 학습 마인드셋]
- (3단계) 효과적인 문제 분리 방법 085

07 (Tips 06) '알아보는' 능력으로 궁금증을 빠르게 해결한다 086

[생성형 AI 시대의 학습 마인드셋]
- (4단계) '알아보기' 기술을 갈고닦는다 091

08 (Tips 07) 나만의 치트 시트를 만든다   092

09 (Tips 08) 프로그램의 동작을 '시각화'한다   095

[생성형 AI 시대의 학습 마인드셋]
- (5단계) 각 행을 이해하고 원리를 파악한다   099

10 (Tips 09) 코드를 읽고 더 깊이 있게 이해한다   100

11 (Tips 10) 더 나은 코드 작성법을 배운다   104

Chapter 4

챗GPT를 활용한 프로그래밍 학습 (응용편)

01 (Tips 11) 베껴 쓰기를 통해 작성하는 양을 늘린다   110

02 (Tips 12) 코딩 문제 '펑고 100번'을 통해 실전으로 다진다   114

[생성형 AI 시대의 학습 마인드셋]
- (6단계) 손을 움직이는 양과 기술 숙련도는 비례한다   119

03 (Tips 13) 코드의 품질을 높이는 이름 짓기 기술을 배운다   120

[생성형 AI 시대의 학습 마인드셋]
- (7단계) '작동하면 된다'보다 한층 더 높은 수준을 목표로 한다   126

04 (Tips 14) 좋은 코멘트 작성법을 배운다   127

05 (Tips 15) 테스트의 기본을 배운다   134

[생성형 AI 시대의 학습 마인드셋]
- (8단계) 테스트를 친근한 것으로   138

06　(Tips 16) 학습 기록을 챗GPT로 작성한다　139

[생성형 AI 시대의 학습 마인드셋]
- (9단계) 지속을 위한 체계 만들기　145

07　(Tips 17) 배운 것을 챗GPT와 함께 글로 쓴다　146

08　(Tips 18) 챗GPT를 상담하는 상대로　149

09　(Tips 19) 소크라테스식 가정교사　152

10　(Tips 20) GPT-4V를 이용한다　156

11　(Tips 21) DALL-E3를 이용한다　160

12　(Tips 22) Code Interpreter를 이용한다　162

13　(Tips 23) 웹 검색 기능을 이용한다　166

14　(Tips 24) 샘플 데이터를 작성한다　168

15　(Tips 25) 데이터 편집 작업을 맡긴다　171

16　(Tips 26) 간단한 스크립트 작성을 요청한다　174

[생성형 AI 시대의 학습 마인드셋]
- (10단계) 기술 향상의 비결은 '게으름'　176

17　(Tips 27) 다른 언어로 변환한다　178

18　(Tips 28) 필요한 기술과 도구 선정에 도움을 받는다　182

19　(Tips 29) 문서를 작성해달라고 한다　186

20　(Tips 30) 흐름도 작성을 요청한다(Mermaid)　189

Chapter 5
실전 가이드: 웹 서비스 작성

01 챗GPT를 활용하여 '알다'에서 '할 수 있다'를 목표로 한다   194

02 웹 서비스 작성을 통한 학습 단계   197

03 ToDo 관리 서비스를 만들어보자   200

04 작성한 웹 서비스를 사용하며 배운다   210

05 작성한 웹 서비스를 개선하며 배운다   236

Chapter 6
실전 가이드: 엑셀 업무 효율화

01 프로그래밍으로 엑셀 업무를 편하게 만든다   246

02 실전 예시 1 청구서 작성을 효율화하자   249

03 실전 예시 2 사내 설문 조사를 집계하자   272

Chapter 7
실전 가이드: 파이썬을 이용한 데이터 분석

01 프로그래밍으로 데이터 분석 기술을 기른다   298

02	실전 예시 주유소의 매출 데이터 분석	303
03	분석 결과를 시각화한다	317
04	분석 프로그램을 이해한다	325
05	고도의 분석에 도전	328

Chapter 8
'챗GPT×프로그래밍'을 경력에 활용한다

| 01 | 프로그래밍을 학습한 후의 경력 | 342 |
| 02 | 챗GPT 활용 인재의 경력 | 351 |

특별 대담
'앞으로의 생성형 AI×경력' (Cynthialy 주식회사 CEO 구니모토 지사토)　356

마치며　365

색인　367

독자 대상 데이터 증정 안내

독자 여러분에게 책에 다 싣지 못한 원고 데이터를 제공한다. 증정
데이터는 아래 사이트에서 다운로드할 수 있다.

https://www.shoeisha.co.jp/book/present/9784798161907

부속 데이터 안내

이 책의 Chapter 5~7에서 사용하는 부속 데이터는
아래 사이트에서 다운로드할 수 있다.

https://www.shoeisha.co.jp/book/download/9784798161907

부속 데이터 내용
- index.html (HTML 파일)*
- 사내 설문 조사 (엑셀)
- 집계표 (엑셀)
- 청구서 (엑셀)

- gas_station_sales_data.csv (csv)

* 'index.html' (HTML 파일)은 [우클릭] → [연결 프로그램] → [메모장] 순으로 열어서 편집하길 바란다.

Chapter 1

챗GPT가 만들어내는
새로운 시대의
프로그래밍 학습

01

프로그래밍 학습이라는 과제

▣ 학습 성공의 열쇠는 '배우는 법'

이 책은 프로그래밍을 배우는 중인 사람, 혹은 앞으로 배울 사람을 위한 가이드북으로 더욱 효과적인 공부법을 배울 수 있다. 먼저 지금의 공부법을 살펴보는 데서부터 시작해보자.

대부분 프로그래밍을 배울 때 참고서나 동영상과 같은 교재를 사용한다. 그동안 수많은 교재와 서비스가 등장하였고 더 이해하기 쉽도록 개선되었다.

하지만 교재가 좋아진 지금도 많은 사람이 프로그래밍 학습에 어려움을 겪고 있다. 왜 그럴까?

교재는 주로 '가르치는 법' 측면에서 개선되어왔다. 많은 사람에게 지식을 전달하는 데 중점을 둬온 한편, 사람마다 다른 구체적인 궁금증이나 과제에 대응하기 어렵다는 문제는 해결되지 않았다.

따라서 앞으로 프로그래밍 공부법은 가르치는 법을 개선하는 것뿐만 아니라 '배우는 법'도 업데이트되어야 한다.

▥ 챗GPT로 '배우는 법'이 확 달라진다

챗GPT를 사용해본 적이 있는가? 챗GPT가 등장하면서 프로그래밍을 '배우는 법'에 큰 변화가 생겨나고 있다. 네 가지 활용 사례를 소개하며 어떻게 변하고 있는지 살펴보겠다.

① 당신이 모르는 단어나 개념을 설명해준다

> **③ 당신**
> 변수와 대입에 대해 알려주길 바란다.
>
> **⑥ 챗GPT**
> 변수와 대입에 관해 설명하겠다.
>
> **√ 변수(Variables)**
> 변수는 값을 저장하기 위한 상자다. 프로그래밍에서는 변수에 데이터를 저장하고 그 데이터를 식별하기 위해 이름을 붙인다. 프로그램이 실행되는 동안 변수가 값을 저장해두며, 해당 값은 필요에 따라 변경

할 수 있다.

특징
- **이름:** 변수에는 고유한 이름(식별자)이 있다.
- **데이터 유형:** 변수에는 특정 데이터 유형(예: 정수, 문자열, 객체 등)이 있다.
- **값:** 변수는 특정 값을 저장해둔다.
- **변경 가능:** 변수의 값은 프로그램 실행 중에 변경할 수 있다.

√ **대입(Assignment)**

대입은 특정 값 또는 식의 결과를 변수에 저장하는 프로세스다. 대입을 통해 변수의 값을 설정하거나 변경할 수 있다.

```python
x = 10  # 이름이 x인 변수에 정수 10을 값으로 대입
y = x + 5  # 이름이 y인 변수에, x의 값에 5를 더한 결과를 대입
```

이 예시에서는 이름이 'x'인 변수에 정수 '10'을 값으로 대입하고, 다음으로 'y'라는 변수에 'x'의 값에 '5'를 더한 결과를 대입했다.

변수와 대입에 대해 질문한 경우

프로그래밍을 배우다가 이해되지 않는 말이나 개념에 부딪힌 적이 있지 않은가? 프로그래밍 특유의 단어와 문구가 많아 처음 배우는 사람은 이해하기가 쉽지 않다. 한편, 교재는 모든 단어를 하나하나 설명해주지는 않는다.

챗GPT는 그런 어려운 단어나 개념의 의미를 당신이 이해할 때까지
자세히 설명하며 이해를 돕는다.

❷ 당신이 직면한 오류를 해결할 방법을 가르쳐준다

> **🔵 당신**
>
> 아래와 같은 오류 메시지가 떴다. 해결 방법을 알려주길 바란다.
> print("Hello World"   SyntaxError: incomplete input
>
> **⚙️ 챗GPT**
>
> ▼ 오류 메시지 '**SyntaxError: incomplete input**'은 파이썬 구문이 올바
> 르게 완료되지 않았음을 나타낸다. 여기서는 '**print("Hello World"** 문
> 장이 불완전하여 오류가 발생했다.
>
> 문제를 해결하는 방법은 다음과 같다:
>
> - '**print**' 함수를 사용할 때는 인수(여기서는 "**Hello World**")를 괄호
>   '( )'로 묶어야 한다.
> - 오류가 발생한 원인은 닫는 괄호 ')'가 빠졌기 때문이다.
>
> 따라서 코드를 수정하려면 닫는 괄호를 추가해야 한다. 다음과 같이

수정하기 바란다:

```python
print("Hello World")
```

이렇게 수정하면 'print' 함수가 정상적으로 "'Hello World'"를 문자열로
출력하고 'SyntaxError'가 해결될 것이다.

오류 메시지에 대한 해결법을 질문한 경우

　혼자서 프로그래밍을 해보다가 오류가 나서 애먹었던 적이 있지 않
는가?

　오류는 프로그래밍에서 피해 갈 수 없는 벽이다. 특히 이제 막 배우
기 시작했다면, 오류 메시지를 이해하고 해결하는 데 시간이 많이 걸려
쩔쩔매기도 한다.

　그러나 챗GPT를 활용하면 오류 메시지의 내용이 순식간에 해석되어
그 원인과 해결책을 알 수 있다.

❸ 당신이 만든 프로그램을 설명해준다

 당신

아래 코드를 개선할 방법이 있다면 알려주길 바란다.

```
def greet_student(학생):

  if student== "철수":

    return "안녕하세요, 철수 씨!"

  elif student== "영희":

    return "안녕하세요, 영희 씨!"
```

챗GPT

제시한 코드는 특정 학생 이름에만 대응할 수 있는 형태다. 하지만 혹시 나중에 새로운 학생이 들어오거나 했을 때 더 유연하게 대응할 수 있도록 하면 좋겠다.

다음은 개선된 예시 코드다:

```python
def greet_student(student):

  return f "안녕하세요, {student}씨!"
```

이런 식으로 작성하면 모든 학생 이름에 대응할 수 있다. 예를 들어:

```python
print(greet_student("철수"))  # "안녕하세요, 철수 씨!"라고 표시
print(greet_student("영희"))  # "안녕하세요, 영희 씨!"라고 표시
print(greet_student("길동"))  # "안녕하세요, 길동 씨!"라고 표시
```

이렇게 하면 혹시 새로운 학생이 들어와도 추가 조건을 작성할 필요가 없어진다.

코드를 개선할 방법을 질문한 경우

프로그램을 작성하면 제대로 작성되었는지 누군가에게 확인받고 싶을 때가 있다. 특히 프로그래밍을 막 시작했을 때는 어떤 방법이 맞는지도 잘 모르기 때문에, 자신이 작성한 코드가 정확한지 알 수 없어 불안해지는 일도 많다. 이러한 작은 불안들이 쌓이다보면 학습 의욕이 떨어지기도 한다.

챗GPT는 프로그램에서 개선할 점을 지적하고 더 나은 방향으로 작성할 수 있도록 피드백을 준다. 이처럼 챗GPT는 단순한 질문 응답 도구가 아니라, 당신의 코드를 더 나은 방향으로 발전시키고 학습 의욕을 올리는 조언자 역할도 한다.

❹ 당신이 만들고 싶은 것을 위한 길잡이가 되어준다

> 🧑 **당신**
> 챗GPT를 이용해 회의록 작성 서비스를 만들고 싶다.
> 무엇을 배워야 할지 학습 로드맵을 만들어주길 바란다.
>
> 🌀 **챗GPT**
> 회의록 작성 서비스를 만들기 위한 학습 로드맵은 크게 프로그래밍 기술, 자연어 처리(NLP) 지식, 프로젝트 관리 기술로 나누어진다.
> 다음과 같이 카테고리별 구체적인 단계를 제시한다.

✓ **1. 프로그래밍 기술**
- **기본적인 프로그래밍:** 파이썬과 같은 프로그래밍 언어의 기본을 배운다. 여기에는 데이터 구조, 알고리즘, 기본 문법 등이 포함된다.
- **웹 개발:** 웹 기반 서비스를 만들려면 HTML, CSS, 자바스크립트 등 웹 기술을 배워야 한다.
- **프레임워크 및 도구:** 파이썬 프레임워크(예: Flask 또는 Django)와 프론트엔드 프레임워크(예: React 또는 Angular)를 사용하는 방법을 배운다.

✓ **2. 자연어 처리(NLP)**
- **자연어 처리의 기초:** 자연어 처리의 기본 원리, 언어 모델, 텍스트 처리 기술 등에 관해 배운다.
- **기계 학습:** 자연어 처리는 기계 학습 기술에 크게 의존하므로, 기계 학습의 기본 원리와 알고리즘을 이해한다.
- **심층 학습:** 보다 고도의 자연어 처리 모델에는 심층 학습이 필요하므로, 신경망의 기본과 응용을 배운다.

학습 로드맵 작성을 요청한 경우

구체적으로 만들거나 실현하고 싶은 것을 목표로 삼아 공부하면 학습 의욕을 유지하는 데 매우 효과적이다. 챗GPT는 그러한 목표를 달성하는 로드맵을 제시한다. 예를 들면, 웹 애플리케이션 개발을 목표로 하는 경우, 필요한 기술과 절차, 조언, 관련 기술 정보도 제공해준다.

지금까지 살펴본, 챗GPT를 이용한 네 가지 구체적인 예에서 특히 주목해야 할 점이 있다. 제목이 모두 '당신이 ~' 형태로 시작한다는 점이다. 이는 챗GPT가 학습자의 요구에 맞춰 정보를 제공하고 개별적인 궁금증이나 요구에 답한다는 것을 보여준다. 이러한 맞춤형 학습 접근법은 그동안 배워온 방식에는 존재하지 않던 큰 장점이다. 챗GPT와 같은 AI 도구를 사용하면 직면한 문제나 궁금증에 대해 적절한 조언을 받으면서 효과적으로 학습할 수 있다.

02

프로그래밍을 배우고 "DX 인재"가 된다

여러분이 프로그래밍을 배우는 목적은 무엇인가? 프로그래밍을 배우는 목적은 다양하지만 한 가지 확실한 것은 그 기술을 통해 현대 사회에서 요구되는 경력을 쌓을 수 있다는 점이다.

▣ 수요가 높아지는 DX 인재

DX가 진행됨에 따라 IT를 능숙하게 다룰 줄 아는 인재에 대한 수요가 많아지고 있다. DX 인재 부족은 많은 기업에서 해결해야 할 과제가 되었다. 일본의 『DX 백서 2023(DX白書 2023)』에 따르면 약 90%의 기업이 DX 인력 부족을 느낀다고 한다.

한편으로 이러한 인력 부족은 직장인들에게 큰 기회로 다가온다. 수요가 많은 DX 인재가 되겠다는 목표는 더욱 수준 높은 경력을 쌓는 데 중요한 한 걸음이 된다.

(그림 1-1) DX를 추진하는 인재의 '양' 확보

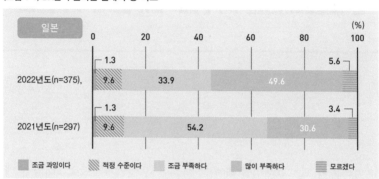

출처: 독립행정법인 정보처리추진기구, 『DX 백서 2023(DX白書 2023)』, '도표 4-3 DX를 추진하는 인재의 "양" 확보'

프로그래밍 기술의 가능성

프로그래밍 기술 학습은 DX 인재로서 길을 개척하기 위한 '핵심 능력'이라고 할 수 있다. 예를 들어, 몇 시간씩 걸리는 업무를 자동화하여 몇 초 만에 끝내거나, 종이를 기반으로 하던 작업을 디지털화할 수 있다. 더 나아가 새로운 서비스를 창출하여 세상에 선보일 수도 있다.

덧붙여 IT를 능숙하게 다루는 능력도 프로그래밍 학습을 통해 기를 수 있는 기술 중 하나다. 여기에는 데이터를 해석하는 방법이나, 서비스와 시스템의 구조를 이해하거나 가설을 검증하는 능력 등이 해당

한다.

'나는 업무상 프로그램을 작성할 일이 없다.' 하는 사람도 프로그래밍을 구사하는 능력이 요구된다. 예를 들어, IT 서비스를 제공하는 회사에 다니는 사람이라고 하면, 어떤 직종이 되었든 그 서비스의 구조를 이해하면 고객에게 신뢰를 얻어 계약을 따내거나, 서비스를 개선할 아이디어를 기획하는 데에 도움이 된다. 더불어 IT나 시스템과 관련하여 기획할 때 프로그래밍의 기초 지식이 있으면 좋은 기획을 하거나 필요한 조건을 정의하는 데 훨씬 유리해진다.

이처럼 프로그래밍 학습은 DX 인재로서 활약하는 데 가장 영향력이 크면서도 다양한 분야에서 응용 가능한 기술이다(Chapter 8에서 프로그래밍을 활용한 DX 인재의 구체적인 경력과 그 자리에 이르는 방법에 대해 다룬다).

사회 전반적으로 봐도 프로그래밍 학습에 관한 관심이 높아지고 있다.

예를 들어, 일본에서는 2022년부터 'IT 패스포트 시험'이라는 자격증 시험에서 프로그래밍에 관한 문제가 출제되기 시작했다. 학교 교육 현장으로 시선을 돌리면, 2020년도부터 초등학교에서 프로그래밍 교육이 필수 과목이 되었고, 2025년부터는 대학 입시 시험에 새로운 과목인 '정보'가 추가되면서 프로그래밍 관련 내용이 시험 범위에 들어가게 된다.

앞으로 사회에 나올 아이들을 비롯하여 다가올 시대에는 대다수가 프로그래밍 기술을 갖추고 있을 것이다. 우리도 그런 시대의 흐름에 적

응해나가야 한다.

이 책의 독자 중에는 이전에 프로그래밍을 배워봤지만 어렵게 느껴져서 좌절한 사람도 있을 수 있다. 하지만 앞서 챗GPT 활용 사례에서도 소개했듯이 '배우는 법'은 발전하고 있다. 챗GPT를 이용한 새로운 학습 방법을 도입하면 이전보다 더욱 효과적으로 배우고 익힐 수 있다. 이 책을 통해 꼭 다시 한번 프로그래밍 배우기에 도전하여 DX 인재가 되는 것을 목표로 해보자.

다음 장에서부터 본격적으로 챗GPT를 활용한 프로그래밍 공부법을 소개하겠다.

Chapter 2

챗GPT×프로그래밍
학습의 기초 지식

01

챗GPT의 기초 지식

챗GPT를 프로그래밍 학습에 활용하기 위한 사전 준비로서 이번 장에서는 생성형 AI 서비스 '챗GPT'에 대해 더 자세히 알아보겠다.

먼저, 챗GPT의 기초 지식부터 살펴보겠다. 기본적인 사용 방법, 버전별 차이, 효과적인 사용법, 주의해야 할 점에 대해 하나씩 차례로 설명하겠다.

다음으로 '챗GPT를 프로그래밍 학습에 어떻게 활용할 것인가'라는 관점에서 그 활용 방법을 파고들어 보겠다.

챗GPT에 관한 기본적인 것들을 이미 잘 안다면, 이번 장을 건너뛰고 다음 장에서부터 다루는 프로그래밍 학습법에 바로 들어가도 상관없다.

▣ 챗GPT란?

챗GPT는 OpenAI에서 개발한, 사용자의 질문이나 지시에 대하여 사람처럼 자연스럽게 답변하는 AI 챗봇 서비스이다. 이 AI는 다양한 화제나 질문에 유연하게 대응하는 데 뛰어나다.

2022년 11월 공개된 이후로 불과 5일 만에 사용자 수가 100만 명, 2개월 만에 1억 명을 돌파했다. 〈그림 2-1〉에서 알 수 있듯이 페이스북이나 유튜브 등 다른 세계적인 서비스는 100만 명을 달성하기까지 수개월이 걸렸다. 챗GPT는 다른 서비스와 비교해도 경이로운 속도로 사용자 수를 늘리는 데 성공하며 사람들이 챗GPT에 얼마나 큰 관심이 있는지를 보여주었다.

(그림 2-1) 사용자 수 100만 명을 달성하는 데 걸린 일수

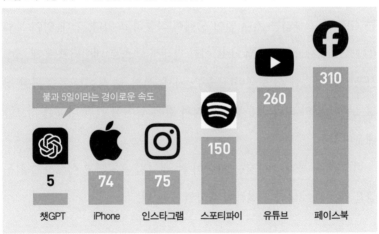

출처: 기업LOG「챗GPT란? 2024년 최신! 시작법과 사용법을 철저하게 해설한다」
https://kigyolog.com/article.php?id=1758

■ 생성형 AI(제너레이티브 AI)란?

챗GPT에서 사용되는 기술은 생성형 AI(Generative AI) 카테고리에
속한다. 생성형 AI란 새로운 콘텐츠를 자동으로 생성할 수 있는 AI의
일종이다.

현재 생성형 AI 기술로는 텍스트, 이미지, 음악 등 다양한 콘텐츠를
생성할 수 있다. 챗GPT는 특히 텍스트 생성에 특화되어 있으며 다양한
유형의 텍스트를 만들어내는 능력을 갖추었다.

■ 챗GPT와 거대 언어 모델

챗GPT의 구조에 대해서도 간단히 소개하겠다. 챗GPT 내부에서
는 'GPT'라고 불리는 거대 언어 모델이 작동하고 있다. 거대 언어 모델
(LLM: Large Language Models)이란 방대한 텍스트 데이터를 통해 언어
사용법을 학습한 AI 모델이다. 뉴스 기사, 서적, 웹 사이트 등을 통한 정
보로부터 말의 의미와 문장의 구성과 같은 언어에 관한 다양한 정보를
배운다.

이 기술을 통해 챗GPT는 사람이 쓴 것처럼 유창하고 이해하기 쉬운
글을 작성하여 다양한 질문에 대답할 수 있다.

■ 챗GPT의 진화

챗GPT는 출시 이후에도 끊임없이 발전하며 계속해서 세계에 큰 영향력을 미치고 있다. 거대 언어 모델 GPT는 출시 초기 버전인 GPT-3.5로 시작하여 2023년 3월에는 GPT-4, 2023년 11월에는 GPT-4의 고성능 모델인 GPT-4 Turbo, 2024년 5월에는 GPT-4o가 등장했다.

GPT-3.5와 GPT-4는 답변의 정확도에서 큰 차이를 보인다. 예를 들면, 미국 사법시험 문제에 도전하게 했더니 GPT-3.5는 응시자의 하위 10% 정도의 점수를 받았지만, GPT-4는 상위 10%의 점수를 기록했다.

(표 2-1) GPT-3.5와 GPT-4의 주요 차이점

	정확도 (사법시험 문제에 대한 답변 결과를 바탕으로)	입력 가능 데이터	추가 기능 이용	요금
GPT-3.5	○ 하위 10%,	○ 텍스트	X	무료
GPT-4 (GPT-4 Turbo, GPT-4o)	◎ 상위 10%	◎ 텍스트· 이미지	○	무료 버전(횟수 제한 있음) / 유료 버전 월 이용료 20달러

더불어 GPT-4에는 웹 검색과 이미지 생성 등 활용 범위를 더욱 넓혀주는 새로운 기능이 제공된다는 특징도 있다(Chapter 4에서 GPT-4의 새로운 기능을 활용한 학습법을 소개하겠다).

02

챗GPT를 시작하는 방법

챗GPT를 이해하려면 무엇보다도 일단 사용해보는 것이 좋다. 다음과 같은 방법으로 챗GPT를 시작할 수 있다.

❶ 챗GPT 페이지(https://chatgpt.com/)에 접속한다

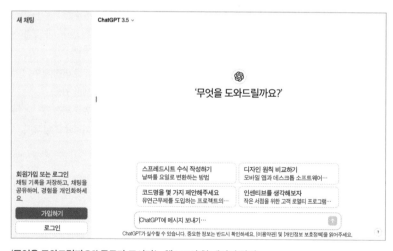

'무엇을 도와드릴까요?' 문구가 표시되는 챗GPT의 첫 페이지 화면

❷ 텍스트 입력란에 질문 등을 작성한 다음 엔터 키 혹은 입력란 오른쪽에 나타나는 위쪽 화살표(송신 버튼)를 클릭한다

챗GPT가 무엇인가?

챗GPT에 메시지를 보냄으로써, 당사 이용약관에 동의하고 개인정보 보호 정책 및 이의 한국 부록을 읽은 것으로 간주한다.

❸ 질문하면 챗GPT로부터 답변이 돌아온다

 당신

챗GPT가 무엇인가?

 챗GPT

챗GPT는 OpenAI가 개발한 거대 언어 모델이다. GPT(Generative Pre-trained Transformer)라는 기술의 일부이며, 자연어 처리(NLP) 작업에서 뛰어난 성능을 발휘한다. 챗GPT는 대화, 질문 응답, 글 생성과 같은 다양한 작업에 활용된다. 사용자가 입력한 텍스트를 바탕으로 자연스러운 형태로 응답을 생성할 수 있으며, 다양한 문맥과 주제에 대응할 수 있다.

회원 가입을 하면 그동안 오고 간 채팅을 다시 보거나(채팅 기록 저장), 대화한 내용을 다른 사람에게 공유할 수 있다.

덧붙여 회원 가입은 홈 화면의 오른쪽 상단에 있는 '회원 가입' 버튼을 눌러 시작할 수 있다.

03
챗GPT로 할 수 있는 일

꼭 알아두었으면 하는 챗GPT의 가장 큰 특징은 사용자가 텍스트 채팅 형식을 따른 지시(프롬프트라고도 한다)를 통해 AI를 이용할 수 있다는 점이다. 이는 원래 일부 국한된 사람들만 구사할 줄 아는 기술이었다.

그렇지만 챗GPT는 인간의 자연어, 즉 사람끼리 대화하는 듯한 형식으로 지시할 수 있어 누구나 쉽게 이용할 수 있다. 프로그래밍과 달리 다소 모호하게 지시해도 문제없는 데다 적절한 결과까지 제공해준다. 이러한 점이 챗GPT가 'AI의 민주화'라고 불리는 이유이기도 하다.

다음과 같이 챗GPT를 활용할 수도 있다.

❶ 글 작성 및 교정

기사, 이야기, 시 등 다양한 글 콘텐츠를 생성하는 능력이 있다. 혹은 작성된 글을 읽게 하여 순식간에 오탈자와 잘못된 표현을 수정하거나 내용을 요약할 수 있다.

❷ 리서치 및 조사

일반적인 질문이나 특정 주제에 관한 질문에 대해 학습한 정보를 바탕으로 답을 제시할 수 있다.

❸ 언어 번역

다양한 언어로 텍스트를 번역할 수 있다. 더불어 작성된 영어 문장이 문법적으로 적절한지 등의 첨삭도 할 수 있다.

❹ 프로그래밍 지원

프로그래밍에 관한 질문에 답변할 뿐만 아니라, 프로그램을 읽고 조언하거나 간단한 프로그램을 생성할 수도 있다.

❺ 아이디어 제안

창의적인 작업을 수행할 수도 있다. 서비스에 관한 아이디어나, 기획에 대한 선택지를 제공한다.

▣ 원하는 답변을 받는 요령

챗GPT를 조금만 사용하다 보면 원하는 답변이 돌아오지 않을 수도 있다. 보다 적절한 답변을 얻으려면 사용자가 적절하게 지시해야 한다. 이를 '프롬프트 엔지니어링'이라고 한다.

구체적으로는 다음과 같은 방법이 있다.

① 명확하고 구체적인 질문을 한다

챗GPT에 하는 질문이 명확하고 구체적일수록 정확한 답변을 받기 쉽다. 반대로 모호한 질문이나 너무 일반적인 질문을 하면 기대했던 답이 돌아오지 않기도 한다.

> 좋은 예: 멕시코 요리를 만들 때 중요한 조미료 세 가지를 알려주길 바란다.
> 나쁜 예: 추천하는 조미료를 알려주길 바란다.

② 여러 번 반복한다

만약 기대했던 답변을 받지 못했다면 질문을 반복해보자. 같은 내용이라도 말투를 달리하거나, '새 채팅'('New Chat')을 클릭하여 질문하면 적절한 답변이 돌아올 확률이 높아진다.

③ 특정 역할을 부여한다(롤 프롬프트)

질문할 때 답변에 적합한 역할을 설정해주면 그 역할에 맞춰 답변해준다. 대표적으로 질문의 첫머리에 '당신은 전문 ○○이다.'라는 문장을 적는 방법이 있다. 설정한 역할에 따른 지식과 관점을 바탕으로 답변해주므로 원하던 답변을 받기 쉬워진다.

예: 당신은 전문 시나리오 작가다. 다섯 살짜리 아이가 좋아할 만한 이야기를 창작해주길 바란다.

④ 프롬프트를 정리 및 구조화한다

' '(작은따옴표), " "(큰따옴표), #(샤프) 등을 사용하여 질문을 정리하고 구조화하면 챗GPT가 질문을 이해하기 쉬워진다.

예: 다음의 '타깃 독자'와 '본문'을 참고하여 글의 제목 안을 세 가지 작성해주길 바란다.

#타깃 독자

대학을 졸업한 지 1년 차인 직장인

#본문

신입 사원이 활약하는 데 중요한 세 가지가 있다.

하나는 ~

❺ 모델에 예를 들어준다(퓨샷(Few-shot) 프롬프트)

질문에 답변 예시를 덧붙이면 그 예시로 학습한 답변을 돌려준다.

예: 사과는 과일로 분류된다. 바나나는 과일로 분류된다.

다른 과일을 열 가지 들어주길 바란다.

❻ 단계별로 차근차근 생각하게 한다
(생각의 사슬, Chain of Thought(CoT))

복잡한 요청을 할 때는 한 번에 모든 내용을 질문하지 않고 간단한
요청을 이어서 하면, 단계별로 차근차근 생각하게 되어 정확도를 높일
수 있다.

예: 겨울에 추천하는 전골 메뉴를 알려주길 바란다.

겨울에 추천하는 전골 메뉴는 모둠 전골, 스키야키, 김치찌개다.

모둠 전골에 넣으면 좋은 재료를 세 가지 알려주길 바란다.

모둠 전골에 넣으면 좋은 재료로 닭고기, 배추, 표고버섯을 추천한다.

신경 써야 할 것이 너무 많아 보일 수 있지만, 어디까지나 본질은 의사소통이다. 다른 사람에게 질문이나 상담을 할 때처럼 챗GPT 상대로도 질문의 의도가 잘 전달되도록 충분한 정보를 제공하는 것이 중요하다. 그러면 챗GPT가 원하는 답변을 줄 가능성이 커진다.

04

챗GPT를 사용할 때 주의할 점

챗GPT는 완벽하지 않다. 그래서 몇 가지 주의할 사항이 있다. 다음과 같은 점을 특히 주의해야 한다.

■ "거짓"에 주의한다

챗GPT가 항상 올바른 답변만 하지 않는다는 점에 주의해야 한다. 마치 정답인 것처럼 틀린 말을 할 때가 있다. 정확성이 요구되는 내용이라면, 다시 한번 확인하는 등의 대책을 세워야 한다.

■ 최신 정보에 주의한다

챗GPT는 특정한 시점까지의 인터넷 정보를 바탕으로 학습하고 답변을 생성한다. 구체적으로 말하자면 2024년 5월 기준으로 챗GPT는 2023년 10월 시점의 정보를 기반으로 답변한다. 따라서 최신 정보와 경향에 관해서는 항상 최신 출처를 확인해야 한다.

▣ 기밀 정보를 공유하지 않는다

챗GPT는 사용자가 입력한 내용을 학습한다. 따라서 기업의 기밀 정보나 개인 정보를 입력하면 학습 데이터로 사용될 수 있다. 그러면 다른 사용자가 한 질문에 대답할 때 그 정보가 누설될 위험이 있다.

이에 대한 대책으로 챗GPT 설정에서 채팅 기록 저장과 학습 기능을 비활성화하는 방법이 있다. 이 설정을 통해 입력한 정보가 AI 모델을 훈련하거나 개선하는 데 사용되지 않도록 할 수 있으며, 다른 사용자에게 정보가 유출될 위험을 줄일 수 있다.

채팅 기록 저장 비활성화 방법

❶ 화면 오른쪽 상단에 있는 프로필을 클릭하여 '설정'을 선택한다

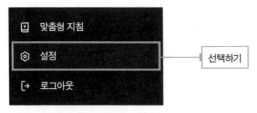

프로필 클릭 시 나타나는 메뉴

❷ 왼쪽 메뉴의 '데이터 제어'에서 '모두를 위한 모델 개선' 버튼을 비활성화한다

설정	비활성화한다 ✕
⚙ 일반	**모두를 위한 모델 개선**
🔒 데이터 제어	이 브라우저에서는 새로운 채팅 이력을 보관하고, 모델 개선에 사용될 수 있도록 합니다. 보관되지 않은 채팅은 30일 이내에 시스템에서 삭제됩니다. 이 설정은 브라우저나 디바이스 간 동기화되지 않습니다. 자세히 알아보기
	공유 링크 **Manage**
	데이터 내보내기 **내보내기**
	계정 삭제하기 **삭제**

설정 > 데이터 제어 화면

그 밖에도 기업용 버전인 '챗GPT Enterprise'는 기업 정보 유출을 방지할 수 있도록 고안되었다. 자신이 취급하는 정보를 고려하여 적절한 구독 플랜과 이용 방법을 선택하자.

05

왜 챗GPT×프로그래밍 학습이 효과적일까?

챗GPT가 프로그래밍 학습에 효과적인 이유로 크게 네 가지를 들 수 있다.

1. 개인 맞춤형 학습

프로그래밍이나 IT 관련 강의를 들을 때 강사의 설명에 따라 모두가 같은 속도로 작업하는 가운데 나만 버벅대다 뒤처지는 경험을 해본 적 있지 않은가? 강의 진행을 방해하면서까지 질문하기도 불편할뿐더러 그런 상황에 빠지는 순간 조바심이 난다.

그리고 프로그래밍을 배우다 보면 '갑자기 어렵게 느껴지는' 순간이 오기도 한다. 이는 그동안 학습하며 이해하지 못했던 것들이 쌓인 결과다. 이런 상태에 빠지면 계속해서 학습하기 어려워지면서 결국 좌절하게 된다.

이처럼 모두에게 똑같은 방식으로 진행되는 학습 방법을 택하면 학습자의 이해도가 교재 내용이나 강의 진행 속도를 따라가지 못하는 일이 비일비재하다. 하지만 그런 상황이 발생해도 각 학습자의 이해도에 따른 궁금증 해소와 관리를 하기는 어려운 실정이다.

이 문제를 해결할 방법이 바로 챗GPT를 활용한 프로그래밍 학습이다. 챗GPT를 이용하면 각 학습자가 겪고 있는 문제에 맞추어 도움받을 수 있다. 교육 분야에서는 이러한 학습법을 '개인 맞춤형 학습'이라고 하며, 학습 효과를 높이는 수단으로 주목받고 있다. 그리고 챗GPT는 개인 맞춤형 학습을 발전시키는 도구이다.

■ 2. 실시간 피드백

프로그래밍을 학습하다가 오류가 났을 때 이를 해결하는 데 상당한 시간을 들여본 적 있지 않은가?

시간을 길게 들이는 사이에 학습 의욕을 잃는 경우도 많다. 그러나 챗GPT가 있다면 어떨까? 질문만 하면 실시간으로 답변을 받을 수 있다. 이처럼 실시간 피드백은 학습 의욕을 유지하는 데에도 매우 효과적이다. 학습자는 자신의 궁금한 점이나 과제를 실시간으로 해결할 수 있어 도중에 벽에 부딪혀 막히는 일 없이 원활하게 학습할 수 있다.

▣ 3. 뛰어난 프로그래밍 기술

챗GPT에는 코드를 해석하고 작성하는 기술도 있다. 그 기술은 이른 바 전문가 급이다. 실제로 전문 IT 엔지니어들도 챗GPT가 작성한 코드 시안을 토대로 개발하는 방법을 도입하기 시작했다.

챗GPT를 유용하게 활용하는 일은 마치 뛰어난 프로그래밍 기술을 갖춘 IT 엔지니어가 학습을 도와주는 것과 마찬가지다. 가령 코드 작성이나 확인을 챗GPT와 함께 하면 학습 방법의 폭이 넓어진다.

▣ 4. 스스럼없이 질문할 수 있다

프로그래밍 학원에 다니고 있거나 가르쳐주는 상대가 있다고 해도 모르는 걸 질문하는 게 어렵다고 느끼는 사람도 많다. "상대가 '이런 기본적인 것도 모른단 말이야?' 하고 생각할지도 몰라." "질문을 너무 많이 해서 성가시게 하는 것은 아닐까?" 그렇게 걱정해서일 수도 있고, 어떻게 질문하면 좋을지 몰라 말을 꺼내지 못할 수도 있다.

그러나 AI인 챗GPT 상대로는 그런 걱정을 할 필요가 없다. 어떤 질문이든 몇 번이고 받아준다. 게다가 시간도 불문하고 24시간 365일 언제든지 질문할 수 있다. 챗GPT는 사람과 편하게 소통하고자 설계되었으며, 어떤 질문에도 친절하고 이해하기 쉽게 답변을 준다.

06

프로그래밍 학습에 챗GPT를 이용하는 방법

다음 세 가지 기본 규칙에 따라 챗GPT를 활용하면 프로그래밍 학습 효과를 극대화할 수 있다. 이 책을 활용하여 학습할 때도 같은 식으로 접근하면 좋겠다.

1. 교과서가 아닌 도우미로 사용한다

프로그래밍에 관한 모든 내용을 챗GPT를 통해 배우는 방법은 비효율적이다. 과외 선생님으로 비유하자면, 선생님 혼자서 가르칠 내용과 출제 문제를 전부 만들어내지는 않는다. 챗GPT도 마찬가지다. 기존의 교재나 학습 서비스를 활용하는 동시에 궁금증을 해결하거나 이해에 도움을 주는 도우미 역할로 사용하는 것이 가장 적절하다.

2. 생각만 하지 말고 먼저 시도해보자

프로그래밍을 학습할 때 흔히들 서적 같은 교재를 읽기만 하면서 이해하려 들고 손은 움직이지 않는 실수를 저지른다. 프로그래밍은 스스로 프로그램을 작성하고 시행착오를 반복하면서 더 깊이 이해하고 응용할 수 있다. 챗GPT를 활용할 때도 마찬가지다. 실제로 프로그램을 작성하면서 적극적으로 질문하는 것이 잘 활용하는 요령이다. 질문이 서툴더라도 상대는 AI이므로 창피당할 일도 없다. 무조건 직접 코드를 써보면서 활용해보자.

3. GPT-4를 이용하는 것이 좋다

GPT-3.5와 GPT-4는 답변의 정확도에서 큰 차이를 보인다. 따라서 학습 목적으로 이용할 때는 GPT-4를 사용하는 걸 강력하게 추천한다. 가령 궁금한 점이 있을 때 GPT-4가 더 빠르게 해결 방법을 알려줄 가능성이 크다.

이 책을 집필한 2024년 5월 시점에는 GPT-4o가 등장하면서 비록 횟수 제한은 있어도 무료로 GPT-4를 사용할 수 있게 되었다. 우선은 무료로 GPT-4를 사용해보고 제한된 횟수로 부족해지면 그때 유료 버전(챗GPT Plus)으로 갈아타도 좋겠다.

## Chapter 3

챗GPT를 활용한
프로그래밍 학습
(기초편)

01

프로그래밍 학습에 챗GPT를 활용하는 30가지 팁

이번 장에서는 프로그래밍 학습에 챗GPT를 활용하는 방법에 대해 다루겠다. Chapter 3와 Chapter 4에 걸쳐 챗GPT 활용 팁 30가지를 정리해주겠다. 다양한 학습 상황에서 활용할 수 있는 10가지 팁을 기초편(Chapter 3), 더 구체적인 상황에 따른 20가지 팁을 응용편(Chapter 4)에서 소개하겠다. 제목들을 쭉 훑어보고 자신이 학습할 때 활용해보고 싶은 팁, 지금 하고 있는 학습 과제에서 막힌 부분을 해결해줄 것 같은 팁부터 읽어보면 좋겠다.

덧붙여 더 깊이 있게 이해할 수 있도록 모든 팁마다 질문(프롬프트)과 답변 예시도 준비했다. 답변 예시를 보면 챗GPT가 어떤 답변을 줄 수 있는지 감을 잡을 수 있을 것이다. 더불어 예시를 참고해 챗GPT에 질문해보면서 바로 따라 해볼 수도 있다.

기초편에서는 처음 프로그래밍을 배우는 사람이 빠르게 실력을 키울 수 있도록 도움을 주는 방법을 소개하겠다. 여기서 소개하는 활용 방법들은 기초적이지만 그만큼 다양한 학습 상황에서 도움이 되는 내용이다. 자신만의 학습 방법을 찾고 싶은 사람도 이를 응용할 수 있다.

이 책에서는 프로그래밍 언어 중에서도 파이썬을 기준으로 설명했지만, 여기서 소개한 팁들은 다른 언어에도 똑같이 적용할 수 있다. 다른 언어를 배우는 중인 사람도 이 책에서 소개한 내용을 그 언어에 맞추어 활용해보기 바란다.

동시에 이 책에서는 챗GPT를 이용하여 학습 효율을 높일 뿐만 아니라 생성형 AI를 배우는 데 중요한 사고방식을 갖추는 것을 목표로 한다. 이건 어디에나 잘 통하는 마인드셋이므로 앞으로 어떤 기술을 배울 때도 도움이 될 것이다. 이는 '생성형 AI 시대의 학습 마인드셋'에서 소개하겠다.

▣ 프로그래밍 학습의 흐름

먼저 프로그래밍 학습이 이루어지는 전체적인 흐름을 파악해두자.

(그림 3-1) 프로그래밍 학습의 흐름

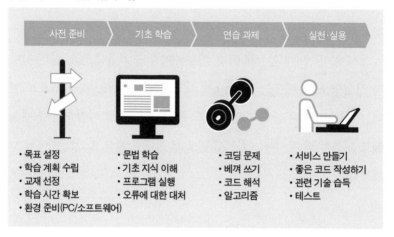

① 사전 준비

프로그래밍을 배우기 전에 먼저 사전 준비가 필요하다. 이때 무엇을 배우고 싶은지, 학습 시간은 어느 정도 확보할 수 있는지, 이와 같은 뚜렷한 목표와 계획을 세운다. 그런 다음 자신에게 맞는 교재와 학습 도구를 선택한다. 물론 학습에 필요한 PC와 소프트웨어도 준비해야 한다.

❷ 기초 학습

　기초 학습 단계에서는 프로그래밍 언어의 문법을 중심으로 배우며 그 배경과 의미를 비롯한 기초적인 지식을 이해해야 한다. 책을 읽지만 말고 실제로 코드를 작성하고, 프로그램을 실행하고, 발생하는 오류에 대처하는 방법을 배우면서 시행착오를 반복한다.

❸ 연습 과제

　어느 정도 기초 학습을 마쳤다면 배운 내용이 완전히 내 것이 될 수 있도록 연습 과제를 수행해야 한다. 다양한 코딩 문제에 도전해보거나, 다른 사람의 코드를 베껴 써보는 등 작성하는 코드의 양을 늘리면서 프로그래밍 기술을 확실하게 내 것으로 만든다. 더불어 알고리즘과 데이터 처리 등 문제를 해결하는 데 더 나은 방법에 대해서도 배운다.

❹ 실천·실용

　마지막으로 기술 습득의 목표에 해당하는 실천 및 실용에 도전한다. 이 단계에서는 실제로 자신이 낸 아이디어를 구현하기 위한 서비스를 만든다. 이를 통해 더욱 훌륭한 코드를 작성할 수 있도록 기술을 갈고닦거나, 데이터베이스와 클라우드 등 관련 기술을 학습해야 한다. 작성한 코드가 정확한지 확인하는 테스트해보면서, 실제로 쓸 수 있는 수준의 실력을 키울 수 있다.

이 흐름에 따라 계속해서 배움으로써 실무와 경력에 도움이 되는 기술을 습득할 수 있다. 한편, 단계별로 발생하는 과제도 있다. 이로 인해 프로그래밍하는 일이 괴로워지거나 벽에 부딪히기도 한다.

지금까지는 벽에 부딪히는 바람에 중도 포기하는 사람이 많았다. 하지만 앞으로는 이러한 과제도 챗GPT를 효과적으로 활용하여 해결할 수 있다. 어떤 학습 단계에서든 챗GPT가 든든한 아군이 되어줄 것이다.

02

학습 로드맵을 그린다

당신이 프로그래밍 학습을 시작하는 이유는 무엇인가? 가령 자신의 아이디어를 프로그래밍으로 실현하고 싶은 것일 수도 있다. 혹은 평소 업무나 부업, 이직에 새로운 기술을 활용하고 싶은 것일 수도 있다.

그동안 일하다가 '엑셀이나 파워포인트로 이러이러한 자료를 만들고 싶다.'라는 생각에 사용법을 알아보거나 배운 경험이 있지 않은가? 그렇게 구체적인 목표를 가지고 배움으로써 실용적인 기술을 익힐 수 있던 것이다. 프로그래밍도 마찬가지다. 기술을 어떻게 활용하고 싶은가 하는 명확한 목표가 필요하다. 명확한 목표를 세우면 배운 내용을 '어떻게 활용할까?' 하는 관점에서 계속 생각하게 되고, 한층 더 높은 수준으로 경력을 끌어올리는 데 도움이 되는 도구로 사용할 수 있게 된다.

■ 나만의 목표를 명확하게 세우고, 이에 맞게 로드맵을 작성한다

목표를 정하고 그에 이르는 길을 명확하게 해두면 학습 성공 확률이 높아진다. 여행할 때 지도가 도움이 되듯이 목적지를 향해 어떻게 나아가야 하는가 하는 계획, 즉 학습 로드맵이 중요하다. 그러나 이제 막 프로그래밍을 시작하는 단계에서 앞으로 어떤 학습 내용이 기다리고 있을지를 그려보고 로드맵을 작성하기란 어렵다. 여기서 챗GPT를 이용하여 로드맵을 작성해보자.

앞으로 파이썬을 배워서 AI를 이용한 서비스를 만들고 싶다.
그 학습 로드맵을 작성해주길 바란다.
프로그래밍 초보자도 이해하기 쉬운 말로 작성해주길 바란다.

파이썬과 AI를 배우기 위한 학습 로드맵은 다음과 같다. 이 로드맵은 프로그래밍 초보자를 대상으로 하며, 단계적인 진행을 전제로 한다.

1. 프로그래밍의 기초

1.1 파이썬의 기초

• 변수와 데이터 유형

  ◦ 숫자, 문자열, 리스트, 사전 등 기본적인 데이터 유형을 배운다.

- 조건문
  - if, else, elif를 이용한 조건 분기
  - for와 while을 이용한 루프
- 함수
  - 기본적인 함수 작성 및 호출
  - 인수와 반환 값

1.2. 프로그래밍의 기본적인 개념

- 알고리즘
  - 문제 해결 순서를 생각하는 방법
- 디버그
  - 오류 메시지를 해석하는 방법
  - 한 걸음씩 코드를 실행해보는 방법

2. 파이썬 중급 및 응용
2.1 객체 지향

- 클래스와 객체
  - 객체 지향 개념 이해하기

2.2. 파이썬 라이브러리

- numpy, pandas
  - 데이터 분석의 기초
- matplotlib, seaborn
  - 데이터 가시화

(이하 생략)

이 예시에서는 '파이썬을 배워서 AI를 이용한 서비스를 만들고 싶다.' 는 목표를 설정하고, 챗GPT에 "그 학습 로드맵을 작성해주길 바란다." 라고 의뢰했다.

그리고 이해하기 쉬운 답변을 받고자 "프로그래밍 초보자도 이해하기 쉬운 말로 작성해주길 바란다."라고도 요청했다. 이러한 지시를 추가하면 초보자를 위해 자세한 답변을 작성해줄 가능성이 커진다.

이 지시를 받은 챗GPT가 단계적인 학습 단계를 제시해주며 어느 단계에서 어떤 내용을 배우는지 보여주었다. 이미 사용 중인 교재가 있다면, 그 교재에 실린 학습 항목과 앞으로 배워야 할 전체 내용을 비교해보자. 그러면 그 교재로 배울 수 있는 범위 등을 파악할 수 있어 이 로드맵을 더욱 유용하게 쓸 수 있다.

목표가 확실하면 더 나은 학습 로드맵을 끌어낼 수 있다. 목표를 확실하게 설정하면 구체적인 계획을 세울 수 있다. 반대로 목표가 확실하지 않으면 무엇을 어떻게 배워야 하는지 분명할 수 없다. 더불어 공부할 수 있는 시간, 목표 달성 기한, 선호하는 학습 방법 등을 알려주면 더욱 나에게 딱 맞는 로드맵을 받을 수 있다.

▫ 학습에서 막히는 부분을 피하는 방법

학습의 전체 흐름을 파악한다는 의미에서, 각 단계의 어느 부분이 어려운지를 파악해두는 것도 효과적이다. 챗GPT에 질문해보자.

나는 프로그래밍을 처음 배운다.
초보자가 파이썬을 배울 때 어려운 점을 알려주길 바란다.

초보자가 파이썬을 배울 때 어려운 점과 그것을 이해하는 데 도움이 될 조언을 간단하게 정리해보겠다.

1. 들여쓰기(indent)

어려운 점: 파이썬은 코드 블록을 구분하기 위해 들여쓰기를 사용한다. 들여쓰기를 제대로 하지 않으면 오류가 발생한다.
조언: 일관성 있게, 예를 들어 한 블록마다 스페이스 네 칸만큼 들여쓰기 하는 등 정해둔 규칙을 따르자.

2. 데이터 유형

어려운 점: 문자열("hello"), 숫자(5), 리스트([1,2,3]) 등 다양한 데이터 유형이 존재한다. 처음인 사람은 이들의 차이와 변환 방법을 이해하기 어려울 수 있다.
조언: 우선 기본적인 데이터 유형을 배우고, 그것들을 사용한 간단한 계산이나 연습을 실전으로 해보자.

(이하 생략)

여기서는 "초보자가 파이썬을 배울 때 어려운 점을 알려주길 바란다."라고 질문하여 어려운 점과 조언에 대한 답변을 받았다. 처음 배우는 이들은 의외로 똑같은 데서 막히는 법이다. 지도상에서 장애물을 발견하면 경로를 바꾸듯이 어려운 점을 미리 알아두면 효율적으로 학습할 수 있다.

로드맵을 작성하면서 학습 단계 이미지가 그려졌다면, 이제는 원활하게 학습을 시작할 수 있다. 이미지가 그려지지 않는다면 챗GPT에 추가 질문을 해보자.

한편, 처음부터 완벽한 로드맵을 만들 필요는 없다. 학습하다 보면 계획이 바뀌기도 한다. 그럴 때는 필요에 따라 다시 한번 챗GPT에 질문하고 새로운 로드맵을 작성하면 그만이다. 완벽을 목표로 하기보다는 일단 학습부터 시작해보도록 하자.

03

환경 구축의 벽을 뛰어넘는다

환경 구축이란 자신의 PC에서 프로그래밍하여 프로그램을 실행할 수 있도록 하는 설정이나 준비를 한다. 어떤 프로그래밍 언어를 배우든 첫 번째로 부딪히는 벽이 환경 구축이다. 시간이 한참 걸려서 처음 학습하는 날에 환경 구축만 하다 끝나는 일도 왕왕 있다. 그러나 챗GPT의 도움을 받는다면 이러한 문제를 짧은 시간에 해결할 수 있다.

■ 환경 구축 방법에 대해 묻는다

바로 챗GPT에 환경 구축 방법을 가르쳐달라고 하자.

나는 프로그래밍 초보자이고 이제부터 배우려고 한다. Windows(윈도우)에서 파이썬을 배우는 데 필요한 환경 구축 방법을 알려주길 바란다.

파이썬을 배우는 데 필요한 Windows 환경을 구축하는 방법을 설명하겠다. 순서대로 방법을 따라 하면 초보자도 쉽게 환경을 구축할 수 있다.

1. 파이썬 설치

1. 파이썬 공식 웹 사이트에 접속한다: 파이썬 공식 웹 사이트에 접속하여 'Downloads'에서 Windows 버전 파이썬을 다운로드한다.

2. 설치 프로그램 다운로드:

자동으로 권장하는 버전이 표시되지만, 특정 버전이 필요하다면 'Downloads' 메뉴에서 'Windows'를 선택하여 원하는 버전을 찾아야 한다.

3. 설치:

다운로드한 설치 프로그램을 실행한다. 'Add Python 3.x to PATH' 체크 박스를 활성화한 다음 'Install Now'를 클릭해야 한다.

(이하 생략)

여기서는 "파이썬을 배우는 데 필요한 환경 구축 방법을 알려주길 바란다."라는 질문으로 시작했다. 챗GPT에 이 질문을 하면 자세한 환경 구축 방법뿐만 아니라 작업이 제대로 진행되고 있는지 확인하는 방법도 알 수 있다. 이 방법에 따라 환경을 구축해보자.

▦ 모르겠을 때는 바로 추가 질문을 한다

챗GPT의 답변에 따라 환경을 설정하다가 의문이 들거나 막힌 경우 그 부분에 대해 추가로 질문하면 바로 해결 방법을 구할 수 있다.

답변받은 방법에서 '1. 파이썬 설치'의 순서를 더 자세하게 가르쳐주길 바란다.

물론이다. Windows에서 '파이썬 설치'하는 순서를 더 자세하게 설명하겠다.

1. 파이썬 공식 웹 사이트 접속
먼저 파이썬 공식 웹 사이트(https://www.python.org/)에 접속한다.

2. 파이썬 설치 프로그램 다운로드
사이트의 첫 페이지에 들어가면 'Downloads' 메뉴가 있다. Windows 사용자라면 자동으로 Windows용 파이썬 설치 프로그램을 추천하기도 한다. 여기에 'Download Python X.X.X' (X.X.X는 버전 번호) 버튼이 표시된다. 이 버튼을 클릭하여 설치 프로그램을 다운로드한다.

여기에서는 앞선 챗GPT의 답변을 인용하여 "답변받은 방법에서 '1. 파이썬 설치'의 순서를 더 자세하게 가르쳐주길 바란다."라고 더 자세한 순서에 대해 질문했다. 이처럼 인용하여 질문하면 챗GPT는 '지난 답변과 관련된 질문이다.'라고 해석하고, 지난 답변을 고려하여 그보다 더 자세한 방법을 제시해준다.

이 책에서는 Windows에서 환경을 설정하는 방법에 대해 질문했지만, Mac(맥) 등을 사용한다면 PC 환경이나 설정에 따라 방법이 달라진다. 자신이 어디서 막혔는지 구체적으로 질문하면 된다. 그러면 혼자서 계속 고민할 때보다 원활하게 환경을 설정할 수 있다.

04

난해한 전문 용어를 쉽게 이해한다

프로그래밍을 배우다 보면 외래어나 컴퓨터 용어를 포함한 '전문 용어'가 종종 나온다. 예를 들면 아래 문장은 파이썬 공식 교재 '파이썬 튜토리얼'에 나오는 한 문장이다.

> 그럼 간단한 파이썬 명령어 몇 가지를 사용해보자. **인터프리터**를 실행하여 **1차 프롬프트**, >>>가 나타나기를 기다린다.

처음 배우는 사람이 이 문장을 읽었을 때 '인터프리터가 뭐야?' '1차 프롬프트가 뭐지?' 하고 물음표를 떠올리는 모습이 눈에 선하다. 영어에 자신 없는 사람이라면 더더욱 그럴 것이다. 프로그래밍 울렁증이 생기는 큰 이유 중 하나가 이처럼 전문 용어가 어렵다는 점이다.

이러한 용어가 나오면 프로그래밍 울렁증이 있는 사람들은 대부분 제대로 이해하지 못한 채 건너뛰고 다음으로 넘어간다. 처음에는 용어나 개념을 낱낱이 이해하지 못해도 큰 문제 없이 학습할 수 있다. 하지만 진도를 나갈수록 이해하지 못한 것들이 쌓여가다 보면 마침내 교재 내용을 전혀 이해할 수 없거나, 연습할 때 무엇부터 시작해야 좋을지 알 수 없는 지경에 이르게 된다. 이처럼 '무엇을 모르는지 모르는' 상태에 빠지면, 학습 진행이 어려워지고 의욕도 떨어지게 된다.

결국 전문 용어를 이해하고 기초 지식을 탄탄히 쌓는 것이 효율적으로 학습할 수 있는 지름길이다. 하지만 서적이나 학습 서비스와 같은 교재에서는 이러한 용어와 개념을 자세하게 설명하지 않는다.

이럴 때 챗GPT가 등장할 차례다. 학습 중에 접한 난해한 용어와 개념에 대해 자세히 설명해달라고 해보자.

나는 프로그래밍 초보자다.
학습 중인 교재에 아래 문장이 나왔다.
여기에서 사용된 '1차 프롬프트'에 대해 초보자도 이해할 수 있도록 설명해주길 바란다.

#문장
그럼 간단한 파이썬 명령어 몇 가지를 사용해보자. 인터프리터를 실행하여 1차 프롬프트, >>>가 나타나기를 기다린다.

'1차 프롬프트'란 파이썬의 인터프리터(코드를 실행하기 위한 프로그램)에서 사용자가 입력하기를 기다리고 있을 때 표시되는 기호다. 파이썬에서 1차 프롬프트는 보통 '>>>' 형태로 표시된다.

인터프리터를 실행하면 '＞＞＞'라는 1차 프롬프트가 나타난다. 이는 인터프리터가 당신에게서 파이썬 명령어(command)를 받을 준비가 되었다는 신호다. 여기에 파이썬 코드를 입력하면 그 코드가 실행되고 결과가 표시된다.

예:

```python
>>> print("Hello, World!")
Hello, World!
```

이처럼 프롬프트는 '지금 명령어나 코드를 입력해도 돼요.' 하고 컴퓨터가 보내는 신호인 셈이다.

(이하 생략)

여기서는 "학습 중인 교재에 아래 문장이 나왔다."라고 교재에 적힌 문장을 제시한 다음, 그 문장에서 사용된 '1차 프롬프트'라는 용어에 대한 설명을 요구하고 답변을 받았다.

챗GPT는 용어에 대한 기초적인 설명뿐만 아니라, 예시를 들거나 "'지금 명령어나 코드를 입력해도 돼요.'라고 컴퓨터가 보내는 신호"와 같이 이해하기 쉬운 표현을 사용하여 다양한 관점에서 이해할 수 있도록 답변해준다.

■ 답변에서 불분명한 점에 대해 추가로 질문한다

더 자세히 알고 싶은 점이 있다면 추가로 질문해보자.

> 답변에서 사용된 '인터프리터'에 대해 초보자도 이해할 수 있도록 설명해
> 주길 바란다.

이 문맥상 '인터프리터'란 파이썬 프로그램을 실행하기 위한 소프트웨어
다. 구체적으로 설명하자면, 파이썬으로 작성된 코드(소스 코드)를 읽어
들여 컴퓨터가 이해하고 실행할 수 있는 형태로 변환하고 실행하는 역할
을 담당한다.

인터프리터에는 다음과 같은 기능이 있다:

1. 코드 읽어들이기: 사용자가 파이썬 언어로 작성한 코드를 한 줄씩 읽
   어들인다.
2. 코드 해석과 실행: 읽어들인 코드를 해석하고 그에 따라 명령을 실행
   한다.

(이하 생략)

답변에서 나온 '인터프리터'라는 용어에 대해서도 추가로 질문하자
문맥을 고려하여 답변해주었다. 이처럼 단계별로 차근차근 질문해나가
면 잘 모르던 부분도 다 포함해서 이해할 수 있다.

전문 용어를 제대로 이해하고 내 것으로 만들면 학습이 원활해진다. 이해하기 어려운 용어가 나왔을 때는 챗GPT에 질문하면서 기초 지식을 다져나가도록 하자.

생성형 AI 시대의 학습 마인드셋 ▶

(1단계) 질문하는 능력을 키우다

IT 엔지니어 등 주변에 프로그래밍에 정통한 사람이 있다면 프로그래밍을 학습하다가 그 사람에게 질문하는 일도 있을 것이다. 이때 원하는 답을 끌어낼 수 있는 '질문 능력'을 의식하도록 하자. 질문 방법이 적절하면 원하던 답을 끌어낼 수 있다.

질문 능력을 기르려면, '사실'을 '상세하게' 전달하도록 의식해야 한다. 구체적으로는 다음과 같은 점에 유의해야 한다.

■ 사실을 전달한다
- 하고 싶은 일 (예: 환경을 설정하려고 한다)
- 발생 중인 문제 (예: 이러한 오류가 발생했다)
- 시도해본 일 (예: 재부팅해봤지만 문제가 해결되지 않았다)

반대로, '해석'을 전달하는 질문 방식은 바람직하지 않다. 예를 들어, '환경 설정은 도중에 실패했다.' 이 질문에 해석이 포함되어 있음을 알아차렸을까?
질문자는 어떠한 사건이 발생하여(=사실) '실패했다'(=해석)라고 생각했을 것
이다. 하지만 생각이 아닌 실제로 무슨 일이 일어났는가 하는 사실을 전달해
야 한다.

■ **상세하게 전달한다**

- 오류라면 오류 메시지 전체를 공유한다.
- 소스 코드가 있다면 그것 역시 전부 공유한다.
- 문제가 발생하기 전까지 했던 과정을 빠짐없이 제시한다.

상세의 반대말은 '모호'다. '환경 구축이 안 돼요. 어떻게 하면 좋을까요?'
이런 식의 질문은 구체적이지 않다. 그러면 질문받은 사람은 문제의 원인이
나 상황을 이해하는 데 시간을 더 허비하게 된다. 더불어 필요한 정보가 부족
하면 잘못된 답변을 하게 될 수도 있다.

질문 능력을 단련하는 데는 어떤 방법이 있을까? 질문하고 싶은 내용을
문장으로 만들어 정리하는 것도 효과적인 방법이다. 그렇게 하면 머릿속이
정리되어 알맞은 질문을 하기 쉬워진다. 요즘은 채팅 등 텍스트 형식으로 의
사소통하는 일이 늘었다.
이 '문장을 이용한 질문 정리'와 챗GPT에 질문하는 과정이 유사하다. 따라
서 챗GPT를 상대로 적절한 답변을 끌어내는 연습을 할수록 프로그래밍에 관
한 질문 능력도 단련된다.

05

오류를 해결한다

프로그래밍은 시행착오의 반복이다. 소스 코드가 단 한 글자만 틀려도 기대한 결과를 얻을 수 없을뿐더러 그 대신 오류까지 발생한다. 프로그래밍을 처음 배우는 사람부터 전문 IT 엔지니어까지, 누구에게나 오류를 해결하는 일은 프로그래밍 활동에서 정말 중요한 부분이다.

프로그래밍을 학습하는 대다수가 이 오류 해결에 골머리를 썩힌다. 오류가 나면 긴 영문 오류 메시지가 출력되는데, 그 순간 처음 배우는 사람은 당황하게 된다. 해독해보려 해도 이해되지 않고, 눈을 크게 뜨고 스스로 작성한 프로그램의 어디가 잘못되었는지를 찾지만 몇 번을 확인해도 무엇이 잘못되었는지 알 수 없다…… 이런 상황에 빠지는 순간 학습이 중지되고 학습 의욕도 떨어진다.

챗GPT에 오류를 해결할 방법을 묻는다

이처럼 오류 메시지가 뜨면 처음 배우는 사람은 매우 괴롭다. 이때 챗GPT가 프로그래밍 오류를 해결하는 데 안성맞춤이다. 바로 한번 해 보자.

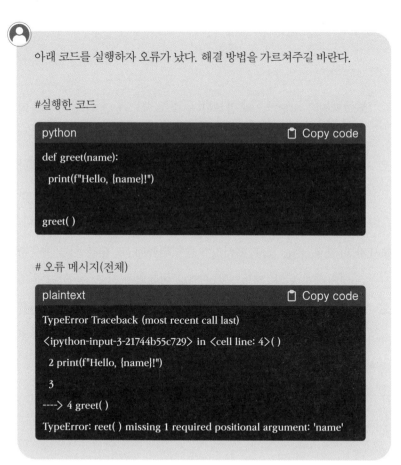

아래 코드를 실행하자 오류가 났다. 해결 방법을 가르쳐주길 바란다.

#실행한 코드

```python
def greet(name):
  print(f"Hello, {name}!")


greet( )
```

오류 메시지(전체)

```plaintext
TypeError Traceback (most recent call last)
<ipython-input-3-21744b55c729> in <cell line: 4>( )
  2 print(f"Hello, {name}!")
  3
----> 4 greet( )
TypeError: reet( ) missing 1 required positional argument: 'name'
```

오류 메시지 "TypeError: greet( ) missing 1 required positional argument: 'name'"은 함수 greet에 인수 name이 있어야 하는데, 호출 시 해당 인수가 제공되지 않았음을 나타낸다.

함수 greet은 인수로 name이 필요한데, greet( )을 호출했을 때 그 인수가 전달되지 않았다. 따라서 함수를 호출할 때는 필요한 인수를 제공해야 한다.

greet 함수를 호출할 때 이름을 인수로 전달하면 해결된다. 예를 들어:

```python
def greet(name):
    print(f"Hello, {name}!")

greet("Alice")  # 여기서 "Alice"를 인수로 전달한다.
```

이렇게 수정하면 함수가 정상적으로 작동하며 'Hello, Alice!'라고 출력할 것이다.

여기서는 챗GPT에 자신이 작성하고 실행한 코드와 오류를 전달하자 구체적인 해결 방법과 함께 수정한 코드도 알려주었다.

기존에는 오류를 해결하려면, 검색 엔진에서 오류 메시지에 대해 알아보는 것이 일반적이었다. 그러나 같은 오류 메시지라도 그 원인이 다양할 수 있어서 검색 엔진만으로는 자신의 상황에 적합한 해결책을 찾기 어려울 때도 있다.

그런 점에서 챗GPT에 오류 해결 방법을 물어보는 것은 효과적인 방법이다. 실행한 코드와 함께 오류 메시지를 제시하면, 현재 자신의 상황에 맞는 해결 방법을 찾을 가능성이 커진다.

오류가 해결되지 않을 때는?

한 가지 주의해야 할 점이 있다. 챗GPT가 반드시 정확한 답을 제시하지는 않는다는 점이다. 만약 챗GPT의 조언대로 해도 오류가 해결되지 않는다면 다음과 같은 방법을 시도해보기 바란다.

● 챗GPT에 오류가 해결되지 않았음을 알리고, 그 밖에 예상되는 원인에 대해 질문한다
● 프로그램의 상세 사항(소스 코드)을 공유하고 다시 질문한다
● 새로운 오류 메시지가 뜨면 그 정보를 제공하고 재차 도움을 요청한다

이 방법을 시도해보면서 놀라웠던 점은 '이런 어려운 오류는 모르겠지' 싶었던 오류도 계속해서 질문하면 적절한 대답을 도출한다는 것이다. 그러니 챗GPT의 능력을 과소평가하지 말고 적극적으로 이용하여 오류를 빠르게 해결하면서 학습 속도를 높이도록 하자.

(2단계) 오류에서 배운다

프로그래밍을 배우는 과정에서 많은 오류를 경험하게 되지만 오류가 났다고 해서 침울해할 필요는 없다. 오히려 오류는 배움으로 가득한 보물 창고다. 많은 오류를 접하고 해결책을 찾으면서 문법과 개념에 대해 더 깊이 이해할 수 있다. 제대로 이해하지도 못한 채 우연히 얻어걸려 완성한 프로그램보다 오류가 나서 해결한 경험이 훨씬 더 가치가 있다.

그렇다고는 해도 누구나 실패하고 싶지 않은 것처럼 오류에 직면하면 정신적으로 지치기도 한다. 프로그래밍 학습이 계획대로 진행되지 않을 때 짜증이나 초조함을 느낄 수도 있다. 하지만 챗GPT를 활용하면 오류를 해결하기 훨씬 쉬워지고, 그로부터 점점 빠르게 오류를 해결할 수 있다는 자신감이 붙는다.

오류에서 배운다는 자세로 임하면 어떤 기술이든 빠른 속도로 익힐 수 있다. 이러한 마인드셋을 구축하는 데 챗GPT가 힘을 보태준다. 다양한 오류에 직면할 때마다 하나씩 배우면서 프로그래밍 기술을 갈고닦도록 하자.

06

단순한 실수를 찾아내 학습에서 낭비를 줄인다

프로그래밍 오류에 대해 배우기 시작한 사람이 알아야 할 중요한 사실이 있다. 바로 단순한 실수가 오류에서 많은 비중을 차지한다는 점이다. 단순한 실수란, 예를 들면 다음과 같은 실수를 들 수 있다.

- 철자를 틀린다
- 공백을 반각으로, 혹은 전각으로 넣는다
- 괄호 "( )"가 많다, 혹은 적다
- 대문자와 소문자를 구별하지 못한다
- 세미콜론 ";" 등 기호를 빠트린다
- 들여쓰기가 정확하지 않다

'이런 단순한 실수를 할 리가 없지.' 그렇게 생각할 수도 있지만, 충분히 경험을 쌓은 사람도 저지르는 실수다.

▣ 챗GPT는 단순한 실수도 찾아내준다

프로그램은 한 글자만 틀려도 작동하지 않는 일이 많아서 세세한 부분까지 신경을 많이 써야 한다. 게다가 이러한 실수는 강조 스타일로 표시되지 않아 더욱 성가시다. 종종 단순한 실수인 줄도 모르고 왜 오류가 났는지 미로를 헤매듯 시간만 허비하기도 한다. 하지만 이러한 실수도 챗GPT에 코드만 주면 바로 찾아낸다.

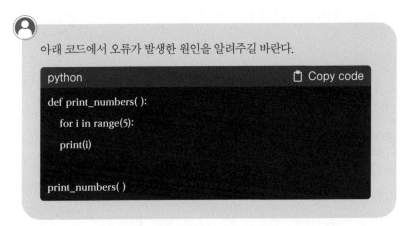

아래 코드에서 오류가 발생한 원인을 알려주길 바란다.

```python
def print_numbers( ):
    for i in range(5):
    print(i)

print_numbers( )
```

제시한 코드에서 오류가 발생하는 이유는 **print(i)**의 들여쓰기가 잘못되어 있기 때문이다. 파이썬에서 들여쓰기(공백 또는 탭(Tab)을 이용한 들여쓰기)는 코드의 블록 구조를 정의하는 데 매우 중요한 역할을 한다.

아래와 같이 코드를 수정하여 오류를 해결할 수 있다:

```python
def print_numbers( ):
    for i in range(5):
        print(i)   # 규칙에 맞는 들여쓰기로 for 루프 내에 배치

print_numbers( )
```

이렇게 수정하면 코드는 **print(i)**가 for 루프에 속한 것으로 올바르게 인식하여 숫자 0부터 4까지 순서대로 출력한다.

들여쓰기 누락이나 철자 실수 등 한 글자 수준의 실수도 검사하고 알아내서 수정한 코드까지 제공해준다. 이런 단순한 실수에 비효율적으로 시간을 들일 필요는 없다. 오류가 발생하면 우선 '어딘가에서 단순한 실수를 하지는 않았을까?' 하고 의심하여 챗GPT에 원인을 물으면 순식간에 해결될 것이다.

(3단계) 효과적인 문제 분리 방법

오류가 발생했을 때 '여기가 원인이 아닐까?'라는 가설을 세우고 원인을 찾는 것을 '문제 분리'라고 한다. 문제 분리 능력은 프로그래밍을 학습하고, 더 나아가 그 기술을 활용하는 데 중요하다. 예를 들어 어제까지 잘 작동하던 프로그램 서비스가 아무것도 건드리지 않았는데 갑자기 먹통이 되었다는 이야기를 종종 들었을 것이다.

프로그래밍 학습 중에 오류가 발생했을 때 먼저 단순한 실수부터 의심하라는 방법 역시 효과적인 분리 방법에 따른 접근법이다. 가령 서비스가 먹통이 되었다면 다음과 같은 부분을 의심해보면 좋겠다.

● 다른 누군가가 실수로 수정한 것은 아닐까?
● (아무것도 건드리지 않았다고 착각했지만) 어제 자신이 수정한 것은 아닐까?
● (어제까지 잘 작동한다고 착각했었지만) 어제도 작동하지 않았던 것은 아닐까?

단순한 원인에 대해서는 '그럴 리가 없다'고 치부하는 경향이 있어서 오히려 그 부분이 원인이었을 때 원인을 밝히는 데 많은 시간이 소요되는 일이 종종 일어난다.

챗GPT를 이용하여 수많은 오류를 해결하고 문제 분리 방법을 구사할 줄 알게 되면 점점 더 빠른 속도로 학습 효율이 높아진다.

07

'알아보는' 능력으로 궁금증을 빠르게 해결한다

프로그래밍을 배우는 과정에서 '알아본다'는 행위를 빼놓을 수 없다. 전문 IT 엔지니어라도 본 적이 없거나 모르는 것이 많으며, 새로운 언어나 기술을 배울 때는 인터넷이나 서적을 활용하여 궁금증을 해결한다.

프로그래밍을 배우고 있는 사람도 지금 사용하는 교재 하나로 모든 궁금증을 해소하기는 어려울 것이다. 그럴 때는 다른 서적이나 자료를 찾아 스스로 배우는 자세가 중요하다.

▣ 챗GPT에 학습하는 데 참고할 만한 자료에 대해 묻는다

챗GPT는 알아보는 데 아주 든든한 지원군이다. 몇 가지 예를 살펴봅시다. 예를 들어, 당신이 파이썬의 '함수'에 대해 더 자세한 정보를 얻고 싶다면, 챗GPT에 알아봐달라고 하면 된다.

파이썬의 함수에 대해 배우고 있다.
더 깊이 이해하는 데 도움이 될 만한 한국어 참고 사이트와 교재를 알려
주길 바란다.

파이썬의 함수에 대해 배울 때 도움이 되는 한국어 참고 사이트와 교재
로 아래와 같은 것들이 있다.

1. 공식 문서

파이썬 공식 문서는 매우 자세하고 함수에 대한 기본적인 정보부터 고급
내용까지 포함되어 있다.
공식 문서(한국어판) *

2. Do It! (점프 투 파이썬)

파이썬을 자세히 해설하는 서적이며 한국어로 출간되었다.
Do It! 점프 투 파이썬(한국어판) *

(이하 생략)

여기에서는 "더 깊이 이해하는 데 도움이 될 만한 한국어 참고 사이
트와 교재를 알려주길 바란다."라고 질문하고서 사이트 링크도 첨부된

---

* 실제 답변에는 링크가 첨부되어 있다.

답변을 받았다. 직접 찾아보지 않아도 챗GPT가 알아서 학습 자료를 추천해준다.

■ 챗GPT로부터 모르는 내용에 대해 알아보는 방법을 배운다

더불어 챗GPT에 알아보는 방법을 묻는 접근 방식도 있다.

나는 파이썬의 함수에 대해 배우고 있다.

이해를 돕는 데 적절한 사이트를 찾으려면 어떤 검색어를 입력해야 하는지 가르쳐주길 바란다.

그리고 적절한 사이트를 찾기 위해 검색할 때 주의해야 할 점을 알려주길 바란다.

파이썬의 함수에 대한 이해를 돕기 위한 검색어와 주의점을 다음과 같이 제시하겠다.

검색어:
1. 파이썬 함수 입문
2. 파이썬 함수 사용법
3. 파이썬 함수 정의

4. 파이썬 함수 튜토리얼

5. 파이썬 함수 인수 반환 값

검색 시 주의할 점:

1. **최신 정보인가:** 파이썬은 계속 발전하는 언어다. 특히 파이썬 2와 파이썬 3 사이에 큰 차이가 있으므로 최신 정보나 파이썬 3에 관한 정보를 참조하도록 하자.

2. **신뢰할 수 있는 사이트:** .edu나 공식 문서, 또는 유명한 교육 기관 이나 커뮤니티가 제공하는 정보를 우선하여 참조하면 좋겠다.

(이하 생략)

모르는 내용이 나오면 인터넷에서 검색하며 알아보는 것이 일반적이다. 하지만 특히 이제 막 배우기 시작했을 때는 다음과 같은 이유로 고민하거나 어쩔 줄 모르는 경우가 종종 있다.

● 어떤 키워드로 검색하면 좋을지 모르겠다

● 많은 검색 결과 중 어떤 것이 신뢰할 수 있는 정보인지 알 수 없다

그러나 챗GPT를 사용하면 '알아보기' 기술을 더 키울 수 있다. 위의 답변에서 예를 하나 들자면, 검색 시 주의할 점으로 "신뢰할 수 있는 사이트: .edu나 공식 문서, 또는 유명한 교육 기관이나 커뮤니티가 제공하는 정보를 우선하여 참조하면 좋겠다."라고 답변했다. IT 분야에서는

흔히 '새로운 서비스나 기술에 관한 정보를 찾을 때 가장 먼저 공식 문서를 참조한다.'라고들 한다. 이는 공식 정보가 가장 신뢰할 수 있고 문제를 해결하는 데 도움이 되는 리소스일 가능성이 크기 때문이다. 챗GPT는 이러한 조언을 통해 인터넷이라는 광대한 정보의 바다에서 신뢰할 수 있는 정보를 찾아내는 방법을 알려준다.

무언가를 알아볼 때 챗GPT의 도움을 받는 구체적인 방법으로 '직접 정보에 관해 묻는다'와 '알아보는 방법에 대한 조언을 구한다'는 두 가지 접근법을 소개한다.

'직접 정보에 관해 물을' 경우 챗GPT가 최신 정보를 바탕으로 답변하지 않는다는 점을 주의해야 한다.

한편, '알아보는 방법에 대한 조언을 구할' 때는 얻은 정보 중에서 어떤 것이 적절한지 판단하여 골라야 한다. 정보를 찾을 때 이러한 특성을 이해하고 그에 따라 적절하게 구별하여 사용하도록 하자.

(4단계) '알아보기' 기술을 갈고닦는다

문제를 해결하는 데 필요한 정보를 빠르게 찾아내는 기술, 즉 '알아보기' 기술은 매우 중요하다. 빠르게 발전하는 IT 분야에서는 나날이 새로운 기술과 정보가 등장하기 때문에 문제를 해결하기 위해 아직 잘 모르는 정보를 찾아보고 활용하는 능력이 필요하다. 그 때문에 IT 엔지니어들과 프로그래밍을 활용하는 직장인들을 평소 업무를 하다 보면 자연스럽게 '알아보기' 기술을 갈고닦게 된다.

그동안 '알아보기' 도구는 주로 검색 엔진이었지만, 이제는 새로운 도구로 챗GPT가 주목받고 있다. 생성형 AI 시대에는 검색 엔진과는 다른 접근법, 예를 들면 구체적인 질문을 하거나 소통하면서 정확한 정보를 얻는 등 새로운 기술이 필요하다.

챗GPT를 능숙하게 다룰 줄 알면 이러한 기술을 습득하는 데 도움이 된다. 프로그래밍을 더욱 잘 활용할 수 있도록 챗GPT를 활용하여 자신의 '알아보기' 기술을 키워보자.

08

나만의 치트 시트를 만든다

'알아보기'를 발전시킨 형태로 프로그래밍 학습용 '치트 시트(Cheat Sheet)'를 작성해보자.

프로그래밍에는 마치 영어 단어나 영문법처럼 정해진 단어와 함수, 작성법이 수두룩해서 외워야 할 것이 많아 보일 수도 있다. 특히 학습 초기에는 새로 배운 코드 작성법이 바로바로 생각나지 않아서 '너무 어려워.' '나랑은 안 맞는 것 같아.' 하고 생각하기도 한다. 그래도 모르면 알아보고 진행할 수 있는 것이 프로그래밍의 특징이다. 하지만 학습 초기에는 모르는 것투성이라서 매번 알아보는 데도 품이 많이 든다.

이때 치트 시트를 작성하면 도움이 된다. 치트 시트란 자주 사용하는 용어와 그 기능을 정리한 사전이자 참고 자료 같은 것이다. 내 전용 사전이나 마찬가지여서 인터넷으로 알아보는 것보다 빠르게 찾아볼 수 있다.

▣ 챗GPT로 대표적인 구문을 정리한 치트 시트를 작성한다

챗GPT를 이용하면 손쉽게 나만의 치트 시트를 작성할 수 있다. 예를 들어, 사용 빈도가 높은 (+, -, *) 같은 연산자와 기호를 정리한 치트 시트 작성을 요청해보겠다.

파이썬 초보자를 위해 자주 사용하는 연산자와 기호를 정리한 치트 시트를 만들어주길 바란다. 표로 만들어주길 바란다.

파이썬에서 자주 사용되는 연산자와 기호를 정리한 치트 시트를 작성한다. 이 표는 파이썬 초보자가 자주 보게 되는 기본적인 연산자와 기호를 사용하는 방법을 나타낸다.

연산자/기호	명칭	용도·설명
+	덧셈	두 숫자의 덧셈, 또는 두 문자열/리스트를 연결할 때 사용된다.
-	뺄셈	두 숫자의 차를 계산한다.
*	곱셈	두 숫자의 곱을 계산한다, 문자열이나 리스트를 반복할 때도 사용된다.
/	나눗셈	두 숫자의 몫을 계산한다.
//	정수 나눗셈	두 숫자의 몫을 계산하여 결과를 정수로 돌려준다.
%	나머지	두 숫자의 나머지를 계산한다.
**	거듭제곱	왼쪽 숫자를 오른쪽 숫자로 거듭제곱한다.

=	대입	오른쪽 숫자를 왼쪽 변수에 대입한다.
==	같다	두 값이 같은지 판단한다.
!=	같지 않다	두 값이 다른지 판단한다.
<	보다 작다	왼쪽 값이 오른쪽 값보다 작은지 판단한다.
>	보다 크다	왼쪽 값이 오른쪽 값보다 큰지 판단한다.
<=	이하	왼쪽 값이 오른쪽 값 이하인지 판단한다.
>=	이상	왼쪽 값이 오른쪽 값 이상인지 판단한다.

(이하 생략)

이런 시트를 이용하여 자주 사용하는 정보들을 한데 모으면 필요할 때마다 작성법을 참조할 수 있어 학습 효율이 높아진다.

챗GPT가 채팅 내역을 저장하므로 필요에 따라 참조할 수 있다. 하나의 채팅창 내에 여러 개의 치트 시트를 작성해서 프로그래밍 학습용 사전으로 활용하는 방법도 있다.

업무상 프로그래밍을 활용하는 사람이라도 함수와 구문을 전부 외우고 있는 경우는 드물다. 필요에 따라 용어를 검색하면서 작업하거나, 초보자와 마찬가지로 치트 시트를 보면서 업무를 진행하기도 한다. 프로그래밍을 학습할 때 검색과 자료를 효과적으로 활용하여 더욱 쉽게 배우도록 하자.

09

프로그램의 동작을 '시각화'한다

프로그래밍을 처음 배우는 사람에게 생기는 문제 중 하나가 <u>프로그</u>
<u>램이 어떻게 작동하는지 알 수 없다는 것</u>이다. 기본적으로 프로그램은
한 줄씩 차례로 실행되는데, 다음과 같은 동작은 프로그램 작성 중에도
작성한 후에도 눈으로 볼 수 없다.

(그림 3-2) 프로그램이 하는 동작을 알 수 없다

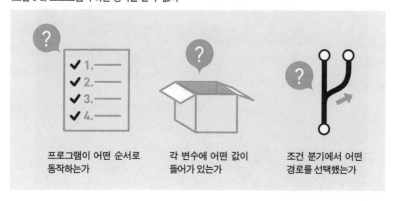

예를 들어 자신이 쓴 코드에서 기대한 결과가 나오지 않는 경우 무엇이 문제인지 알아내야 한다. 코드를 다시 훑어보며 머릿속에서 어떻게 작동하는지 상상하면서 제대로 작동하지 않는 원인을 찾아야 한다. 하지만 이는 경험이 적은 학습자가 하기에는 어려운 일이다.

■ 챗GPT로 소스 코드의 동작을 시각화한다

이때 코드를 '시각화'하는 데 챗GPT의 도움을 받으면 해결된다. 작성한 프로그램을 제시하고 다음과 같이 질문해보자.

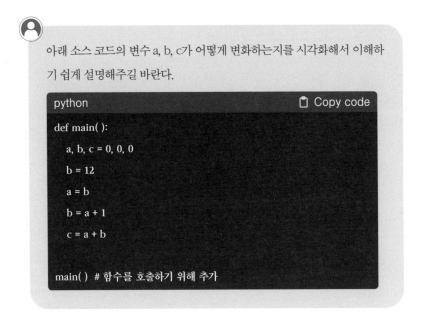

아래 소스 코드의 변수 a, b, c가 어떻게 변화하는지를 시각화해서 이해하기 쉽게 설명해주길 바란다.

```python
def main( ):
    a, b, c = 0, 0, 0
    b = 12
    a = b
    b = a + 1
    c = a + b


main( )  # 함수를 호출하기 위해 추가
```

이 파이썬 소스 코드의 변수 a, b, c의 변화를 단계별로 시각화하여 설명하겠다.

1. 변수의 초기 상태:

```makefile
a = 0
b = 0
c = 0
```

2. b = 12;에 따라 b에 12가 대입된다.

```makefile
a = 0
b = 12
c = 0
```

3. a = b;에 따라 a에 b의 값이 대입된다.

```makefile
a = 12
b = 12
c = 0
```

4. b = a+1;에 따라 b에 a의 값+1이 대입된다.

```makefile
a = 12
b = 13
c = 0
```

5. c = a+b;에 따라 c에 a+b의 결과가 대입된다.

여기서는 변수에 값을 대입하고 연산하는 샘플 프로그램을 인용하며 "아래 소스 코드의 변수 a, b, c가 어떻게 변화하는지를 시각화해서 이해하기 쉽게 설명해주길 바란다."라고 질문했다. 그 답변을 보면, 단계별로 변수 a, b, c의 값이 어떻게 변화하는지 시각적으로 나타냈다.

이처럼 챗GPT에는 주어진 프로그램을 읽어들여 해석하고 계산하는 능력이 있다. 그 특성을 살려 프로그램이 실행되는 과정을 시각화했다.

프로그램의 결과가 기대했던 바와 다르게 나올 때 그 문제점을 찾는 작업을 디버그라고 한다. 여기서 소개한 챗GPT의 '시각화'는 입문자를 위한 디버그라고 할 수 있겠다.

(5단계) 각 행을 이해하고 원리를 파악한다

'프로그래밍 기술이 몸에 배었다.'라는 말은 자신이 작성한 코드의 각 행이 어떤 일을 수행하는지 설명할 수 있는 상태를 가리킨다. 나는 프로그래밍을 가르칠 때 종종 이 방법을 이용하여 학생이 어느 정도 이해했는지 확인한다. 프로그램을 충분히 이해하지 못한 상태에서도 우연히 기대한 결과를 얻는 경우가 종종 있다. 그러나 각 행의 역할과 기능을 제대로 이해하지 못하면 다른 상황에는 응용할 수 없다.

프로그래밍을 배우기 시작했을 때는 코드 한 줄 한 줄의 의미를 이해하기도 어려울뿐더러 이해하는 데도 시간이 오래 걸린다. 설령 학원에 다닌다고 하더라도 강사에게 한 줄씩 설명해달라고 하기에는 시간이 한참 걸릴 것 같아 부탁하기 어려울 것이다. 하지만 챗GPT를 이용하면 자세하게 한 줄씩 설명을 들을 수 있다.

각 행을 이해하려면 그 처리 작업의 뒷면, 즉 원리를 이해해야 한다. 그 밖에 어떤 기술을 배우더라도 원리를 이해하고자 하는 마인드셋이 중요하다. 챗GPT를 활용하여 각 행이 처리하는 작업을 조금씩 이해하다 보면, 원리를 파악하는 기술과 마인드셋을 갖출 수 있다. 작성한 프로그램이나 샘플 코드 등 무엇을 수행하고 있는지 알 수 없는 코드가 있다면, 적극적으로 그 동작을 시각화해보자.

10

코드를 읽고 더 깊이 있게 이해한다

프로그래밍을 학습할 땐 흔히 코드를 작성하는 방법이 강조되지만, 사실 코드를 읽는 것도 그만큼 중요하다. 이는 외국어 학습으로 치면 독해와 같다. 많은 분량의 글을 읽다 보면 적절한 말투와 표현을 배울 수 있어 글쓰기와 말하기 능력이 향상된다.

그런 점에서 프로그래밍도 비슷하다. 학습 과정에서 다양한 코드를 읽다 보면 배운 문법과 개념이 실제로 어떻게 사용되는지 이해할 수 있다. 그리고 다음에 무언가를 코딩할 때 배운 것을 활용할 수 있게 된다.

▣ 챗GPT에 샘플 코드에 대한 설명을 요청한다

코드를 읽을 기회를 만들어보자. 예를 들어, 인터넷에서 자신이 만들고 싶은 서비스의 샘플 코드를 찾아 읽으면서 제작에 들어가는 방법도 있다. 회사에서 사용하는 엑셀 VBA와 같은 프로그램을 읽어보는 것도 좋겠다.

　다만 처음에는 외국어 학습에서 말하는 '문장에 모르는 단어가 너무 많아서 의미를 이해할 수 없는' 상태나 마찬가지기에. 그 상태에서 내용을 이해하기란 어렵다. 따라서 챗GPT에 대상 코드에 대한 설명을 요청하여 읽는 데 도움을 받도록 하자.

아래 코드가 무엇을 수행하는지 설명해주길 바란다.

```
# 주어진 리스트에서 짝수를 추출하는 함수
def filter_even_numbers (numbers):
    even_numbers = []  # 짝수를 담기 위한 빈 리스트
    for number in numbers:
        if number % 2 == 0:  # 숫자가 짝수인지 아닌지 확인
            even_numbers.append(number)  # 짝수라면 리스트에 추가
    return even_numbers

# 테스트용 리스트
test_numbers = [1, 2, 3, 4, 5, 6, 7, 8, 9, 10]

# 함수를 사용하여 짝수를 추출하고 결과를 출력
filtered = filter_even_numbers(test_numbers)
print("짝수 리스트:", filtered)
```

이 파이썬 코드의 주된 목적은 어떤 리스트에 포함된 숫자 중에서 짝수만 찾아 새 리스트에 넣는 것이다. 아래에서 코드의 각 부분이 무엇을 수행하는지 초보자도 알기 쉽게 설명하겠다:

1. 함수 정의:

def filter_even_numbers(numbers):는 filter_even_numbers라는 이름의 함수를 작성한다. 이 함수는 numbers라는 이름을 가진 리스트를 받는다.

2. 빈 리스트 작성:

even_numbers = []는 새로운 빈 리스트 even_numbers를 작성한다. 이 리스트는 나중에 찾아낸 짝수를 저장할 때 사용한다.

3. 루프 사용:

for number in numbers:는 주어진 리스트 numbers의 각 요소를 하나씩 처리하기 위한 루프(반복)를 작성한다. 여기서 number는 리스트 내의 현재 숫자를 나타낸다.

4. 짝수 확인:

if number % 2 == 0:은 현재 숫자 number가 짝수인지 아닌지를 확인한다. %는 나머지 연산자이며, 이를 사용하여 2로 나눈 나머지가 0인지 아닌지를 검사한다. 0이라면 그 수는 짝수다.

5. 짝수 추가:

even_numbers.append(number)는 숫자가 짝수일 때 그 숫자를 even_numbers 리스트에 추가한다.

6. 함수의 결과 반환:

return even_numbers는 함수가 종료되었을 때 even_numbers 리스트를 반환한다. 이 리스트에는 선택된 짝수만 포함된다.

7. 함수 사용과 결과 출력:

test_numbers = [1, 2, 3, 4, 5, 6, 7, 8, 9, 10]은 테스트용 숫자 리스트다.
filtered = filter_even_numbers(test_numbers)는 filter_even_numbers 함수를 test_numbers 리스트에 적용하고 결과를 filtered에 저장한다.
print("짝수 리스트:", filtered)는 filtered 리스트(짝수만 포함된다)를 출력한다.

이 코드는 인수 리스트에서 짝수만 추출하여 출력하는 내용으로 이루어져 있다. 함수, 루프, 조건문, 리스트 다루기 등 여러 가지 개념이 조합되어 있어 이제 막 배우기 시작했다면 이해하기 조금 어려울 수 있다. 하지만 챗GPT에 설명해달라고 부탁하고 그 답변을 잘 읽어보면 이해하는 데 큰 도움이 될 것이다. 이처럼 챗GPT와 함께 다양한 코드를 접하다 보면, 실력이 더욱 늘어날 것이다.

11

더 나은 코드 작성법을 배운다

자신이 작성한 코드에 대해 피드백을 받으면 실력을 향상하는 데 매우 효과적이다. 학원에 다니거나 경험자를 멘토로 삼아 배우면, 자신이 작성한 프로그램을 개선할 작성법에 대한 조언을 받을 수 있다. 더 깔끔한 작성법이나, 특별한 상황에도 대응할 수 있는 코드 작성법에 관한 조언을 받으면, 실제 현장에서 사용하는 듯한 실전 기술을 익힐 수 있다.

■ 챗GPT에 코드의 개선점에 대해 묻는다

마찬가지로 챗GPT에 조언을 구할 수도 있다. 자신이 작성한 코드를 제시하고 더 나은 방법이 있다면 제안해달라고 해보자.

아래 코드에 대해 더 나은 작성법이 있다면 알려주길 바란다.

```python
def greet_student(student):
    if student == "철수":
        return "안녕하세요, 철수 씨!"
    elif student == "영희":
        return "안녕하세요, 영희 씨!"
```

제안한 코드는 특정 학생 이름에만 대응할 수 있는 형태로 되어 있다. 그러나 혹시 나중에 새로운 학생이 늘어나거나 했을 때도 더 유연하게 대응할 수 있도록 하면 좋겠다.

다음은 개선된 예시 코드다:

```python
def greet_student(student):
    return f"안녕하세요, {student} 씨!"
```

이런 식으로 작성하면 그 어떤 학생 이름에도 대응할 수 있다. 예를 들어:

```python
print(greet_student("철수"))  # "안녕하세요, 철수 씨!"라고 표시
print(greet_student("영희"))  # "안녕하세요, 영희 씨!"라고 표시
print(greet_student("길동"))  # "안녕하세요, 길동 씨!"라고 표시
```

이 방법을 이용하면, 새로운 학생이 늘어난 경우에도 추가 조건을 작성할 필요가 없어진다.

여기서는 예시로 학생 이름을 입력하면 인사를 돌려주는 프로그램을 챗GPT에 공유하고 "더 나은 작성법이 있다면 알려주길 바란다."라고 요청했다. 그러자 챗GPT는 "제안한 코드는 특정 학생 이름에만 대응할 수 있는 형태로 되어 있다. 그러나 혹시 나중에 새로운 학생이 늘어나거나 했을 때도 더 유연하게 대응할 수 있도록 하면 좋겠다."라고 하면서 개선점을 찾고 이를 해결하는 코드까지 작성해주었다.

이처럼 입출력 결과는 변하지 않지만, 효율을 높이거나 기능을 추가하기 쉬운 구조로 개선하는 활동을 '리팩토링'이라고 하며, 시스템 개발 현장에서도 이루어진다. 프로그래밍에는 똑같은 답을 낼 방법이 여럿 존재하며, 몇 가지 관점에서 좋고 나쁨이 갈린다. 작성한 코드를 몇 번이고 다시 검토하다 보면, 선택지 중에서 더 나은 방법을 선택하는 리팩토링 실력을 갖추게 될 것이다.

● ● ● **Chapter 4**

챗GPT를 활용한
프로그래밍 학습
(응용편)

01

베껴 쓰기를 통해 작성하는 양을 늘린다

응용편에서는 챗GPT를 활용해 그동안 배운 내용을 완전히 자기 것으로 정착시키는 팁을 소개한다. 기초 학습을 마치고 한 단계 더 높은 수준을 목표로 하거나, 서비스 만들기나 업무에 프로그래밍을 활용하고 싶은 사람에게 도움이 될 것이다. 더불어 도중에 좌절하지 않도록 학습을 지속하기 위한 챗GPT 활용 방법도 다루겠다.

덧붙여 응용편에서는 GPT-4(GPT-4 Turbo, GPT-4o)에서만 사용할 수 있는 편리한 기능을 소개하고, 구체적인 활용법도 함께 소개하겠다. 유료 사용자(챗GPT Plus)라면 꼭 한번 새로운 기능을 사용해보기 바란다.

■ 베껴 쓰기의 장점

교재와 함께 한차례 학습을 마쳐도 실전 기술이 몸에 확실히 배었는지 몰라 불안해지는 일이 있지 않은가? 그런 사람들을 위한 챗GPT 활용법을 소개하겠다.

프로그래밍을 학습하는 사람이 이해한 내용을 자기 것으로 만들려면, 코드를 많이 써보는 게 지름길이다. 코드 작성을 연습하는 대표적인 학습 방법 중 하나로 '사경'을 꼽을 수 있다. 본래 사경이란 불교에서 경전을 베껴 쓰는 수행을 말하는데, 프로그래밍 학습에서는 샘플 코드를 그대로 베껴 쓰면서 프로그래밍 기술을 익히는 방법으로 이용된다.

▣ 베껴 쓰기 문제 제출을 의뢰한다

그러나 막상 코드를 따라 써보려고 하면, 베껴 쓰기용 샘플 코드를 찾는 게 꽤 어렵다. 이때 챗GPT에 부탁해서 베껴 쓰기 문제를 내달라고 해보자.

나는 프로그래밍 초보자다.
'베껴 쓰기'를 통해 프로그래밍 기술을 향상하고 싶다.
베껴 쓰기 문제를 내주길 바란다.
배우고 있는 언어는 파이썬이고, 데이터 분석에 관심이 있다.

알겠다. 파이썬을 사용하고 데이터 분석에 초점을 맞춘 간단한 베껴 쓰기 문제를 제공해주겠다.

베껴 쓰기 문제: 파이썬을 이용한 데이터 분석 및 시각화

1. 먼저 필요한 라이브러리를 설치한다. 터미널이나 명령 프롬프트에서 다음 명령을 실행하길 바란다.

```python
                                                    Copy code
pip install pandas matplotlib
```

2. 아래 코드를 파이썬 스크립트로 베껴 써주길 바란다.

```
# 필요한 라이브러리 불러오기
import pandas as pd
import matplotlib.pyplot as plt

# 샘플 데이터 작성
data = {
    '월': ['1월', '2월', '3월', '4월', '5월'],
    '매출': [200, 220, 210, 230, 240]
}
```

```
# 매출 추이를 그래프로 표시
plt.plot(df['월'], df['매출'], marker='0')
plt.title('월별 매출 추이')
plt.xlabel('월')
plt.ylabel('매출')
plt.grid(True)
plt.show( )
```

이 코드는 월별 매출 데이터가 기록된 데이터 프레임을 작성하여 매출의 총합과 평균을 계산하는 것이다. 마지막으로 매출 추이를 꺾은선그래프로 나타낸다.

(이하 생략)

베껴 쓰기 연습 문제를 요청하면서, "배우고 있는 언어는 파이썬이고, 데이터 분석에 관심이 있다."라고 학습하고 있는 언어와 관심 있는 영역을 전달함으로써 '월별 매출의 총합과 평균을 계산한다.'라는, 관심이 갈 만한 프로그램을 제시받았다. 이처럼 만들고 싶은 서비스나 프로그램을 입력하고 그에 따른 주제로 연습하면, 그 구조에 대해 더 깊이 이해할 수 있게 되어 목표에 한층 더 가까워진다.

챗GPT에 부탁하면, 이러한 실전용 베껴 쓰기 문제가 얼마든지 나온다. 베껴 쓰기한 코드는 실제로 실행해서 결과를 확인해보자. 동시에 'Chapter3 10'(본문 96쪽)에서 소개한 방법으로 연습하면 코드의 각 행을 제대로 이해할 수 있게 된다. 그리고 이를 통해 비슷한 코드를 혼자서도 작성할 수 있을 것이다.

02

코딩 문제 '펑고 100번'을 통해 실전으로 다진다

베껴 쓰기를 통해 이해한 내용을 완전히 내 것으로 만드는 데는 '코딩 문제'를 풀어보는 것을 추천한다. 코딩 문제란, 특정 주제를 바탕으로 설정된 문제를 코드를 작성하여 푸는 걸 말한다.

영어 학습에서 영어로만 말해보는 게 중요하듯이, 프로그래밍에서 도 '혼자서 코드를 작성하는' 것이 가장 실전에 도움이 되는 학습 방법이 다. 지금까지 많은 학습자를 봐온 나의 경험에 비추어 보면, 학습에 어 려움을 겪는 사람 대부분이 코드를 작성할 기회가 부족하여 배운 내용 을 제대로 익히지 못한 상태인 경우가 많다. 따라서 다양한 코딩 문제 를 풀어보는 것은 학습자들이 실력을 키우는 데 중요한 포인트라고 할 수 있다. 이때도 챗GPT를 활용할 수 있다.

챗GPT는 마치 '펑고 100번'처럼 몇 문제가 되었든 끝없이 코딩 문제 를 작성해준다. 어떤 문제를 작성해주는지 한번 살펴보자.

나는 프로그래밍 초보자다.

나의 이해도를 확인하기 위해 파이썬 코딩 문제를 작성해주길 바란다.

물론이다. 초보자를 위한 파이썬 코딩 문제를 몇 가지 제안하겠다.

문제 1: 짝수 세기

주어진 정수 리스트 중에서 짝수의 개수를 세서 반환하는 함수 count_
evens를 작성해주길 바란다.

```python
def count_evens(numbers: list) -> int:
    pass  # 이 부분을 채워주세요


# 테스트
print(count_evens([1, 2, 3, 4, 5, 6]))  # 3으로 표시되어야 함
```

문제 2: 리스트의 합계

주어진 정수 리스트의 합계를 반환하는 함수 sum_list를 작성해주길 바란다.

```python
def sum_list(numbers: list) -> int:
    pass  # 이 부분을 채워주세요


# 테스트
print(sum_list([1, 2, 3, 4, 5, 6]))  # 21로 표시되어야 함
```

(이하 생략)

여기서는 파이썬 코딩 문제를 출제해달라고 부탁하자 몇 가지 문제를 작성해주었다. 챗GPT가 출제한 코딩 문제는 글로 구성된 문제뿐만 아니라 코드로도 출제된다는 점에서 훌륭하다. 학습자는 이를 복사해서 자신이 사용하는 에디터에 붙여 넣고 "pass ＃ 이 부분을 채워주길 바란다."라고 주석이 달린 부분에 코드를 작성하기만 하면 코딩 문제에 도전할 수 있다.

▣ 코딩한 내용을 답과 맞춰본다

물론 답과 맞춰보기 위해 챗GPT가 출제한 문제의 답변 예시를 제시해달라고도 할 수 있다.

답과 맞춰보고 싶으니 '짝수 세기'의 답변을 작성해주길 바란다.

물론이다. 아래에 '문제 1: 짝수 세기'의 답변을 제시하겠다.

```python
def count_evens(numbers: list) -> int:
    return sum(1 for number in numbers if number % 2 == 0)


# 테스트
print(count_evens([1, 2, 3, 4, 5, 6]))   # 3으로 표시되어야 함
```

이 코드는 리스트 내의 각 숫자가 짝수인지 아닌지를 확인하여 짝수의 개수를 센다. 제너레이터 표현식을 사용하여 짝수의 개수를 효율적으로 세고 있다.

학습자가 요구하면 바로 답변을 제시해준다는 점에서도 코딩 연습에 안성맞춤이라고 할 수 있다. 많은 문제에 도전하면서 빠른 속도로 시행착오를 반복할 수 있다.

▣ 코딩 문제의 수준을 조절한다

출제되는 문제의 수준을 조절하고 싶다면 다음과 같이 질문해보자.

나의 이해도를 확인하기 위해 파이썬 코딩 문제를 작성해주길 바란다. COS Pro 3급에서 출제되는 수준의 문제를 작성해주길 바란다.

알겠다. COS Pro 3급의 출제 수준을 고려하여 초급자용 문제를 제안한다.

문제: 문자열과 리스트 다루기

아래의 문자열이 주어진다.

```python
s = "Python, Java, C++, JavaScript"
```

1. 이 문자열을 (쉼표)로 분할하여 리스트로 변환해주길 바란다.
2. 작성한 리스트에서 "Java"라는 문자열을 찾고, 그 인덱스를 반환해주길 바란다.
3. 목록 끝에 "Ruby"라는 문자열을 추가해주길 바란다.

기대하는 출력:

```python
languages = ["Python", "Java", "C++", "JavaScript"]
index_of_java = 1
updated_languages = ["Python", "Java", "C++", "JavaScript", "Ruby"]
```

여기서는 "COS Pro 3급에서 출제되는 수준의 문제를 작성해주길 바란다."라고 구체적인 출제 수준을 지정했다. 출제 수준을 지정할 때는 '초급' '중급' '상급'으로 지정하는 동시에 특정 자격이나 기준을 제시하면 원하는 수준에 맞는 문제가 출제될 가능성이 커진다. 당신이 특정한 자격을 취득하는 것을 목표로 할 때도 이런 식으로 질문하면 보다 적합한 연습 문제를 풀어볼 수 있다.

(6단계) 손을 움직이는 양과 기술 숙련도는 비례한다

프로그래밍 기술을 향상하기 위해서는 무엇보다 실전 경험의 양이 중요하다. 교과서 같은 교재에도 연습 문제가 실려 있어 그것을 풀면서 프로그래밍 실전 경험을 쌓을 수 있긴 하다. 그러나 대부분 교재는 이론 설명에 치우쳐 있어 실제로 코드를 작성할 기회가 충분하지 않을 수 있다.

만약 학습 중이지만 자신의 실력에 만족할 수 없다면, 코드를 작성하는 양을 더욱 늘려야 한다. 이때 챗GPT를 사용하면 연습 기회를 손쉽게 늘릴 수 있다.

어떤 기술을 학습하더라도 손을 움직여야 한다. 예를 들면 생성형 AI라는 신기술도 그저 정보를 보기만 할 것이 아니라, 시험 삼아 사용해보는 등 스스로 손을 움직이면 활용 방법을 익히고 아이디어도 얻을 수 있다.

챗GPT를 손을 움직이기 위한 도우미로 활용하면서 실전 경험을 늘리고 실력 향상을 도모하도록 하자.

03

코드의 품질을 높이는 이름 짓기 기술을 배운다

프로그래밍으로 만든 것을 실용화하려면, 단순히 작성할 줄 아는 것 뿐만 아니라 코드의 품질도 고려해야 한다. 코드의 품질이라고 하면 대부분 버그 유무 등 정확성을 가장 먼저 떠올리지만, 품질의 기준에는 그것만 있는 건 아니다. '사용 편의성'도 중요한 품질 지표 중 하나다.

코드는 한번 작성하면 끝이 아니라 시스템상에서 실제로 작동하고, 필요에 따라 다시 읽으며 개선되는 등 '계속 사용되는' 것이다.

예를 들어 읽기 쉬운가, 개선하기 쉬운가 등 개발자가 다루기 쉬운가에 따라 사용하는 사람의 생산성에 크게 영향을 미친다. 여기서 챗GPT를 활용하여 코드의 품질을 높이는 방법을 소개한다. 이러한 방법을 적절히 활용할 줄 알게 되면, 작성한 코드를 본 전문 IT 엔지니어의 입에서도 "잘 만들었네."라는 말이 나올 수준의 기술을 습득할 수 있을 것이다.

■ 챗GPT에 변수와 함수에 어울리는 이름을 묻는다

프로그램이나 서비스를 만들다 보면 변수나 함수에 이름을 붙일 일이 생긴다. 품질이 높은 코드라는 관점에서 이 이름 짓기에도 좋은 이름과 나쁜 이름이 있다는 사실을 알고 있는가? 예를 들어 모든 변수 이름을 a, b, c처럼 알파벳 한 글자로 나타내거나, 서적에 나온 함수명을 그대로 따라 사용하는 것은 나쁜 예에 해당한다.

어떤 이름이 좋을지 고민된다면 챗GPT에 조언을 구해보자.

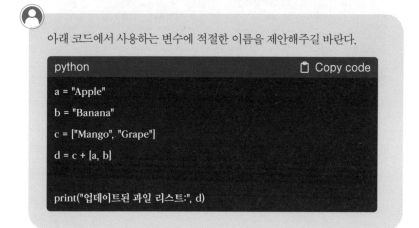

아래 코드에서 사용하는 변수에 적절한 이름을 제안해주길 바란다.

```python
a = "Apple"
b = "Banana"
c = ["Mango", "Grape"]
d = c + [a, b]

print("업데이트된 과일 리스트:", d)
```

코드에서 사용하는 변수 이름은, 그 변수가 무엇을 나타내는지를 명확하게 보여주어야 한다. 적절한 변수 이름은 코드의 가독성과 이해도를 크게 개선한다. 아래와 같이 변수 이름을 변경할 것을 제안한다:

a → first_fruit : 첫 번째 과일("Apple")을 나타내기 위해

b → second_fruit : 두 번째 과일("Banana")을 나타내기 위해

c → initial_fruits : 처음 정의된 과일 리스트를 나타내기 위해

d → combined_fruits : initial_fruits와 추가된 과일을 조합한 새로운 리스트를 나타내기 위해

수정한 코드는 아래와 같다:

```python
first_fruit = "Apple"
second_fruit = "Banana"
initial_fruits = ["Mango", "Grape"]
combined_fruits = initial_fruits + (first_fruit, second_fruit]
print("업데이트된 과일 목록:", combined_fruits)
```

여기에서는 원래 a, b, c, d라는 변수명을 사용한 코드에 대해, 각 변수에 어떤 이름을 붙이는 것이 좋을지 챗GPT에게서 제안받았다. 챗GPT가 조언한 대로 그 변수가 무엇을 나타내는지를 명확하게 보여주는 변수 이름을 붙이면 코드의 가독성(읽기 쉬운 정도)이 좋아진다.

함수 이름에 대해서도 샘플 코드를 이용하여 제안을 받도록 하자.

아래 코드에서 사용한 변수에 적절한 이름을 제안해주길 바란다.

```python
                                            Copy code
def f(r):
    p = 3.14
    return p * r * r

x = f(10)
print("원의 면적:" + str(x))
```

이 코드는 주어진 반지름으로 원의 면적을 계산하는 함수다. 더욱 명확하고 이해하기 쉬운 이름을 제안하자면 다음과 같다:

함수 f → calculate_circle_area : 이 함수가 원의 면적을 계산한다는 것을 바로 알 수 있도록

인수 r → radius : 반지름을 나타내기 위해 더 구체적인 이름으로

변수 p → pi : 원주율을 나타내므로 일반적으로 사용하는 기호로

변수 x → area : 계산된 면적을 저장하고 있음을 알 수 있는 이름으로

수정한 코드는 다음과 같다:

```python
                                            Copy code
def calculate_circle_area(radius):
    pi = 3.14
    return pi * radius * radius

area = calculate_circle_area(10)
print("원의 면적:" + str(area))
```

여기에서는 원의 면적을 계산하는 함수를 작성하여 변수 이름을 제안받았다. 챗GPT는 주어진 코드가 무엇을 하는지 해석할 수 있어서 적절한 변수 이름을 제안해준다.

■ 챗GPT로부터 배운 이름 짓기 방법

참고로 챗GPT에 변수와 함수 이름을 짓는 방법에 대해 질문하자 다음과 같은 답변이 돌아왔다.

> 파이썬에서 변수나 함수에 좋은 이름을 붙이려면, 어떤 점에 주의하여 이름을 지어야 되는지 알려주길 바란다.

> 파이썬에서 변수나 함수에 좋은 이름을 붙일 때는 주의해야 할 몇 가지 중요한 점이 있다. 좋은 이름은 코드의 가독성과 보수성을 크게 향상시킨다. 다음은 좋은 이름을 짓기 위한 주요 가이드라인이다:
>
> **1. 명확하고 구체적일 것:**
> - 이름은 변수나 함수가 무엇을 나타내는지, 무엇을 하는지를 명확하게 보여주어야 한다.
> - 예를 들면, get_user_data( )는 함수가 사용자 데이터를 취득한다는 것을 나타낸다.

2. 간결함과 정보량의 균형:

- 너무 긴 이름은 피해야 하지만 그와 동시에 이름은 충분한 정보를 제공해야 한다.
- 예: calculate_average는 좋은 이름이지만, calc_avg라고 하면 정보가 부족하고, calculate_the_average_value_of_the_given_list라고 하면 너무 길다.

3. 일관성 있는 이름 짓기 규칙 사용:

- 일관성 있는 이름 형식을 선택하고 이를 프로젝트 전반에 걸쳐 지키도록 하자.
- 파이썬에서는 변수나 함수의 이름에는 snake_case, 클래스 이름에는 CamelCase를 사용하는 것이 일반적이다.

4. 피해야 할 이름:

- 파이썬의 예약어나 내장 함수 이름(list, str, dict 등)과 똑같은 이름은 피해야 한다.
- 한 글자짜리 이름(a, b, x 등)은 그 용도가 매우 국소적이고 명확한 경우를 제외하고는 피해야 한다.

(이하 생략)

챗GPT가 제시한 적절한 이름 짓기의 구체적인 예를 살펴보면서 이름을 지을 때 의식해야 할 점을 완전히 제 것으로 만들면, 혼자서도 적절한 이름을 붙일 수 있는 기술을 갖출 수 있게 된다.

(7단계) '작동하면 된다'보다 한층 더 높은 수준을 목표로 한다

챗GPT가 "좋은 이름은 코드의 가독성과 보수성을 크게 향상시킨다."라고 응답했듯이 업무에서 프로그래밍을 활용하는 데 '가독성이 높다 = 읽기 쉬운 코드'라는 개념은 중요하다. 자신이 작성한 코드를 다른 사람이 읽거나 변경하는 일도 있는데, 이때 알아보기 쉬운 이름을 사용했다면 쉽게 읽혀 다른 사람들도 좋아한다. 혼자서 개발하는 경우라고 해도 예전에 작성한 코드가 어떻게 작동하는지 잊어버리기 쉽다. 빠르게 코드의 내용을 파악하기 위해서라도 이름을 붙일 때 신경을 써야 한다.

이렇게 이름 하나에도 세심하게 신경 쓴다면, 현장에서 프로그래밍 실무 능력을 갖춘 인재로 평가받는 경우가 많다. 예를 들면 취업이나 이직 활동을 할 때 자신의 실적을 보여주기 위해 작성한 프로그램을 제출했을 때. 코드의 품질이 우수하면 더 높은 평가를 받을 수 있다. 챗GPT를 활용하여 '작동하면 된다'에서 한층 더 높은 수준을 목표로 해보자.

04

좋은 코멘트 작성법을 배운다

가독성을 높이고 코드를 이해하기 쉽게 만드는 또 다른 효과적인 방법은 적절한 코멘트(주석)를 다는 것이다. '좋은 코멘트'를 달면 각 함수나 실행 조건을 한눈에 알 수 있어 무엇을 수행하는지를 훨씬 알기 쉬워진다.

그렇지만 처음부터 어떤 것이 '좋은 코멘트'인지는 잘 모를 것이다. 여기서 챗GPT에 물어보자.

프로그래밍에서 일반적인 '좋은 코멘트'의 조건은 무엇인가?

프로그래밍에서 '좋은 코멘트'를 다는 것은 코드의 가독성을 높여 다른 개발자(미래의 자신을 포함하여)가 코드를 이해하기 쉽게 작성하는 데 중요하다. 좋은 코멘트의 조건에는 아래와 같은 특징이 있다.

1. 필요성

- 코드만 봐서는 분명하지 않은 정보를 제공한다. 코멘트는 코드가 무엇을 수행하는지가 아닌 왜 그렇게 하는지를 설명해야 한다.
- 의도를 분명하게 보여준다. 특정 구현 방식을 선택한 이유나, 그 코드가 해결하고자 하는 문제를 설명한다.

2. 간결성

- 짧게 요점을 정리한 코멘트일 것. 너무 긴 코멘트는 사람들이 건너뛰고 읽기 쉽다. 필요한 정보를 간결하게 전달하도록 하자.
- 중복을 피해야 한다. 코드가 이미 명확하게 나타내는 내용을 반복하지 않도록 한다.

3. 정확성

- 현재 상황에 입각할 것. 코멘트가 오래되거나, 코드 변경에 따라 업데이트되지 않으면 오해를 불러일으키는 원인이 된다.
- 구현 방식과 일치할 것. 코멘트가 실제 코드의 동작을 정확하게 반영해야 한다.

(이하 생략)

여기서는 '좋은 코멘트'가 무엇인지에 대한 설명을 들었다. 챗GPT가 한 답변처럼 코멘트는 많이 단다고 되는 것이 아니다. 예를 들어 '코드만 봐서는 분명하지 않은 정보를 제공한다.'나 '짧게 요점을 정리한 코멘트일 것.' 등 코드를 보완하는 역할로서 과하지도 부족하지도 않은 정보가 요구된다.

코멘트의 구체적인 예를 살펴보면 더 잘 이해할 수 있을 것이다.

작성해준 '좋은 코멘트'의 각 조건에 관한 안티 패턴(실제로 많이 사용되지만 비효율적인 패턴을 말한다 - 옮긴이 주)을 가르쳐주길 바란다.

다음 샘플 코드는 '좋은 코멘트'의 안티 패턴에 따른 예를 보여준다. 각 안티 패턴에 대해 그 예와 권장되지 않는 이유 설명하겠다.

1. 필요성에 반하는 안티 패턴의 예

```python
# x를 y에 추가한다
x = x + y
```

왜 이것이 안티 패턴인가? 코멘트가 코드 행이 무엇을 수행하는지 단순히 반복할 뿐, 왜 그 동작이 이루어지는지, 그 배경이나 목적에 대해서는 아무것도 설명하지 않는다.

2. 간결성에 반하는 안티 패턴의 예

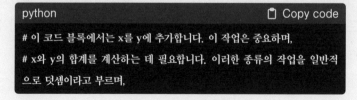

```python
# 이 코드 블록에서는 x를 y에 추가합니다. 이 작업은 중요하며,
# x와 y의 합계를 계산하는 데 필요합니다. 이러한 종류의 작업을 일반적
으로 덧셈이라고 부르며,
```

```
# 수학에서는 흔히 볼 수 있는 기본적인 작업입니다. 여기서는 프로그래밍
이라는
# 문맥에서 이를 수행하고 있습니다.
x = x + y
```

왜 이것이 안티 패턴인가? 코멘트가 너무 장황하여 코드를 이해하는 데
필요한 정보를 간결하게 전달하지 못하고 있다. 이 맥락에서 덧셈의 기본
을 설명할 필요는 없다.

3. 정확성에 반하는 안티 패턴의 예

```python
# 초기화 처리 (실제로는 업데이트 처리)
x = 10
```

왜 이것이 안티 패턴인가? 코멘트가 현재 코드의 동작을 정확하게 반영
하지 않고 있다. 코멘트에는 '초기화 처리'라고 적혀 있지만, 실제 코드에
서는 값의 업데이트가 이루어지고 있다. 이러면 읽는 사람에게 오해를 살
수 있다.

여기서는 의도적으로 코멘트의 '안 좋은 예(안티 패턴)'를 유도하는
질문을 했다. 답변에서 제시한 안티 패턴에 따라 작성된 코드를 확인하
면, 코멘트를 달 때 의식해야 할 점을 더 잘 이해할 수 있을 것이다.
전반적인 프로그래밍 학습에서도 이러한 안티 패턴을 되짚어보는 것

은 효과적인 학습 방법이다. 교재는 대부분 올바른 코드 작성법에 초점을 맞춘다. 하지만 오류 예시를 보고 어떤 점이 잘못되었는지 이해하면, 반대로 올바른 코드 작성법을 배울 수 있다.

마지막으로 챗GPT에 샘플 코드에 코멘트를 달아달라고 하여 구체적인 예를 살펴보자.

'1. 필요성' '2. 간결성' '3. 정확성'을 의식하여 아래 코드에 코멘트를 달아주길 바란다.

```python
def calculate_statistics(numbers):
    numbers.sort( )
    n = len(numbers)
    mean = sum(numbers) / n
    median = (numbers[n // 2] + numbers[-(n + 1) // 2]) / 2
    mode = max(numbers, key=numbers.count)
    return mean, median, mode


data = [1, 3, 4, 2, 2, 7, 3, 4, 2, 2]
mean, median, mode = calculate_statistics(data)
print("평균값:", mean)
print("중앙값:", median)
print("모드:", mode)
```

'필요성' '간결성' '정확성'을 의식하여 코드에 코멘트를 달면 다음과 같이
된다.

```python
def calculate_statistics(numbers):
    # 숫자 목록을 정렬하여 중앙값 및 모드 계산을 용이하게 한다
    numbers.sort( )

    # 숫자 목록의 길이
    n = len(numbers)

    # 평균값: 모든 요소의 합계를 요소 개수로 나눈다
    mean = sum(numbers) / n

    # 중앙값: 요소 개수가 짝수이면 중앙 두 개의 평균, 홀수이면 중앙의 값
    median = (numbers[n // 2] + numbers[-(n + 1) // 2]) / 2

    # 모드: 가장 자주 나타나는 요소
    mode = max(numbers, key=numbers.count)

    # 평균값, 중앙값, 모드를 반환한다
    return mean, median, mode

# 데이터 설정
data = [1, 3, 4, 2, 2, 7, 3, 4, 2, 2]

# 통계치를 계산하여 출력한다
mean, median, mode = calculate_statistics(data)
```

```
print("평균값:", mean)
print("중앙값:", median)
print("모드:", mode)
```

(이하 생략)

통계 관련 계산을 수반하는 조금 복잡한 코드를 챗GPT에 전달하고 코멘트를 달아달라고 요청했다. 챗GPT가 답변한 코드를 보면 한눈에 무엇을 하고 있는지 알 수 있는 코멘트가 부여되었다.

이처럼 모범 예시와 안티 패턴을 보면서 자신이 작성한 코드에 코멘트를 달다보면 혼자서도 적절한 코멘트를 달아 가독성이 좋은 코드를 작성할 수 있게 될 것이다.

05

테스트의 기본을 배운다

프로그래밍에서 무언가를 만들면 예상대로 작동할지 테스트해야 한다. 프로그래밍 분야에서 말하는 테스트란 작성한 코드가 정확하게 동작하는지 확인하기 위한 수단이다. 하지만 특히 처음 배울 때는 대부분 어떻게 테스트하고 무엇을 확인해야 할지 모를 것이다. 이럴 때도 챗GPT의 힘을 빌릴 수 있다.

아래 코드의 테스트 케이스를 작성해주길 바란다.
또 어떤 점을 고려하여 작성했는지를 초보자도 이해하기 쉽도록 설명해주길 바란다.

```
def add(a, b):
    return a + b

def subtract(a, b):
    return a - b
```

제공된 add 함수와 subtract 함수는 테스트 케이스를 작성할 때, 다음과 같이 종류가 다른 입력에 대해 함수가 어떻게 동작하는지 확인해야 한다:

1. 양수의 덧셈과 뺄셈
2. 음수의 덧셈과 뺄셈
3. 0을 포함한 덧셈과 뺄셈
4. 같은 숫자끼리 뺄셈(결과가 0이 되는지 확인)

아래에 테스트 케이스 예시를 제시하고 각각의 테스트 케이스가 무엇을 확인하는지 설명하겠다.

```python
import unittest

# 덧셈 함수 정의
def add(a, b):
    """두 개 숫자의 덧셈을 한다"""
    return a + b

# 뺄셈 함수의 정의
def subtract(a, b):
    """두 개 숫자의 뺄셈을 한다"""
    return a - b

# 수학 함수의 테스트 케이스를 정의하는 클래스
class TestMathFunctions(unittest.TestCase):
```

```python
def test_add_positive_numbers(self):
    """양수의 덧셈이 올바르게 수행되는지 테스트"""
    self.assertEqual(add(5, 3), 8)


def test_add_negative_numbers(self):
    """음수의 덧셈이 올바르게 수행되는지 테스트"""
    self.assertEqual(add(-4, -6), -10)


def test_add_zero(self):
    """0이 포함된 덧셈이 올바르게 수행되는지 테스트"""
    self.assertEqual(add(0, 5), 5)
    self.assertEqual(add(5, 0), 5)


def test_subtract_positive_numbers(self):
    """양수의 뺄셈이 올바르게 수행되는지 테스트"""
    self.assertEqual(subtract (10, 5), 5)


def test_subtract_negative_numbers(self):
    """음수의 뺄셈이 올바르게 수행되는지 테스트"""
    self.assertEqual(subtract(-4, -6), 2)


def test_subtract_zero(self):
    """0이 포함된 뺄셈이 올바르게 수행되는지 테스트"""
    self.assertEqual(subtract(5, 0), 5)
    self.assertEqual(subtract(0, 5), -5)
```

```
    def test subtract_equal_numbers(self):
        """같은 숫자끼리의 뺄셈이 0이 되는지 테스트"""
        self.assertEqual(subtract(5, 5), 0)

# 테스트 러너를 실행
if __name__ == '__main__':
    unittest.main( )
```

 여기서는 챗GPT에 덧셈을 하는 'add' 함수와 뺄셈을 하는 'subtract'
함수를 제시하고 그 테스트 케이스를 작성하도록 요청했다. 챗GPT는
요청에 따라 'test_add_'와 'test_subtract_'라는 이름으로 테스트용 함수
를 작성했다. 덧붙여 "어떤 점에 고려하여 작성했는지를 초보자도 이해
하기 쉽도록 설명해주길 바란다."라는 질문에 챗GPT가 네 종류의 테스
트 케이스를 작성했음을 알 수 있다. 이처럼 테스트하는 관점을 배우는
동시에 테스트하는 데 도움을 받으면, 차차 품질을 보장하는 적절한 테
스트를 할 수 있게 될 것이다.

(8단계) 테스트를 친근한 것으로

테스트하는 이유는 작성한 프로그램이 잘못된 동작을 했을 때 사용자나 업무에 악영향을 줄 수 있기 때문이다. 테스트는 반드시 해야 하지만, 많은 개발자에게 시간이 걸리는 번거로운 과정으로 여겨지기도 쉽다.

그러나 챗GPT의 도움을 받으면 테스트를 효율적으로 진행할 수 있다. 테스트는 손쉽게 할 수 있다는 마인드를 가지면 테스트하는 부담이 줄어든다. 그리고 그 결과 실용적이고도 품질이 좋은 프로그램을 만들 줄 아는 인재로 거듭날 것이다.

06

학습 기록을 챗GPT로 작성한다

학습에서 배우는 내용만큼 중요한 것은 지속하기와 좌절하지 않기다.

성장하고 있다거나 목표에 다가가고 있다는 실감이 나지 않으면 의욕이 떨어지면서 학습에서 멀어지게 된다. 그러면 더욱더 성장했다는 실감을 할 수 없게 되고…… 많은 사람이 학습 중에 이러한 악순환으로 고민한다. 그러나 챗GPT를 이용하면 이 문제를 해결할 수 있다.

▪ 좌절하지 않고 학습을 지속하는 방법

지속해서 학습할 수 있도록 학습 기록을 작성해보자. 학습 기록을 작성하는 데는 두 가지가 이점이 있다.

❶ 학습 습관 형성

나날이 작성하는 학습 기록은 학습을 습관으로 만드는 데 도움이 된다. 아직 학습 습관이 들지 않았을 때는 그날의 일정이나 기분에 좌우되기도 한다. 그러나 습관이 되면 필요한 학습 시간을 확보하기가 쉬워져 꾸준히 성장할 수 있다.

❷ 성장을 시각화

일상적인 학습 내용과 진행 상황을 기록하면 자신의 성장을 시각적으로 파악할 수 있다. 자신이 그동안 얼마나 배웠는지 확인함으로써 계속해서 동기를 부여하고 학습 의욕을 높일 수 있다.

▪ 챗GPT에 학습 기록 작성을 요청한다

공책이나 전용 앱에 학습 기록을 작성할 수도 있지만, 챗GPT를 활용하는 것을 추천한다. 챗GPT를 이용하면 단순한 기록뿐만 아니라 대화 형식으로 조언과 격려를 받을 수 있다.

학습 정보를 기록하려면 채팅 대화를 저장하도록 미리 설정해두어야 한다. Chapter 2에서 소개한 '채팅 기록 저장 기능을 비활성화하는 방법'(본문 44쪽)과 마찬가지로 '설정' → '데이터 제어'에서 '모든 사용자 대상 모델 개선' 버튼을 클릭하면 활성화할 수 있다.

준비되었다면, 챗GPT를 이용하여 다음과 같은 프롬프트로 학습 기록을 작성해보자.

학습 의욕을 유지하기 위해 매일 학습 기록을 작성하고 싶다.
나는 매일 '학습 기록 포맷'에 따라 전송할 테니 '작업'을 수행해주길 바란다.

요청 작업
- 내가 매일 전송하는 학습 상황을 기록해주길 바란다.
- 내가 전송한 내용에 대해 격려의 말을 해주길 바란다
- 내가 전송한 내용을 이해하고 학습에 대해 조언해주길 바란다
- 그동안 어느 정도 학습했는지를 집계해서 되돌아보기를 요청하면 답변해주길 바란다.

학습 기록 양식
1. 오늘의 학습 시간
2. 오늘 학습한 내용
3. 내일을 위한 한마디

알겠다! 당신의 학습을 지원하기 위해 요청한 대로 대응하겠다.

매일 학습 상황을 전송해주면, 이를 바탕으로 격려의 말과 조언을 제공하겠다. 그리고 당신의 학습 진행 상황을 기록하여 언제든지 집계한 정보를 제공할 수 있게 하겠다.

그럼 첫 번째 학습 기록을 기다리고 있겠다. 힘내길 바란다!

여기서는 '# 요청 작업'에서 학습 기록 담당인 챗GPT에 부탁하고 싶은 일을 제시했다. '# 학습 기록 양식'에서는 학습 기록을 수행할 때 따를 양식을 정의했다. 더불어 되돌아보고 싶으니 "그동안 어느 정도 학습했는지를 집계해서 되돌아보기를 요청하면 답변해주길 바란다."라고 적었다.

이로써 학습 기록을 작성할 준비를 마쳤다.

그날의 학습이 끝나면 이를 기록하도록 챗GPT에 요청한다.

2023/10/14
1. 오늘의 학습 시간
3시간

2. 오늘 학습한 내용
• 반복(for, while) 페이지 이해하기
• 연습 문제 3문제

3. 내일을 위한 한마디
while이 조금 어려워서 복습하겠다.

2023/10/14의 학습 기록을 받았다!

진행 상황이 훌륭하다! for와 while은 프로그래밍의 기본적인 구조이므로 확실하게 이해해야 한다. 특히 while은 조건에 따라 무한 루프가 되어 조건 설정이 어려울 수도 있다. 확실하게 복습해서 잘 알아두도록 하자.

내일도 힘내자!

지정한 양식에 맞춰 학습 내용을 전송하면 기록이 완료되는 동시에 격려와 학습에 대한 조언을 받을 수 있다.

챗GPT에 1주일 되돌아보기를 요청한다

더불어 1주일 되돌아보기는 다음과 같이 하면 된다.

이번 주 되돌아보기를 하겠다.
이번 주의 제 학습 시간과 학습한 내용을 알려주길 바란다.
표 형식으로 보여주길 바란다.

알겠다. 이번 주 학습 되돌아보기를 표 형식으로 제시하겠다.

날짜	학습 시간	학습 내용
2023/10/14	2시간	반복(for, while) 페이지 이해하기, 연습 문제 3문제
2023/10/15	30분	while 복습하기
2023/10/16	1시간	함수 이해하기

이 표를 바탕으로 이번 주의 총 학습 시간은 3시간 30분이며, 주요 학습 내용은 반복의 개념(특히 while)과 함수에 대한 이해에 중점을 두었음을 알 수 있다.

계속해서 학습을 되돌아보면 당신의 학습 진행 상황과 방침을 확인하는 데 도움이 된다. 다음 주도 힘내길 바란다!

　

지금까지의 학습 기록을 표 형식으로 정리해주었다. 자신이 계속해 온 성과와 성장이 시각화되어 학습 의욕을 유지하는 데 도움이 될 것이다.

이 학습 기록이나 조언을 받는 과정은 다이어트나 영어 학습의 코칭과 비슷하다. 챗GPT를 이용하면 마치 코칭을 받는 것과 같은 학습 지원을 재현할 수 있다.

(9단계) 지속을 위한 체계 만들기

누구나 학습이 예상대로 진행되지 않으면 힘들어져서 그만두기도 한다. 이러한 상황에 대처하려면 단순히 단기적으로 학습 의욕을 올리는 것이 아닌, 장기적으로 학습을 가능케 하는 습관과 체계를 학습에 도입해야 한다. 매일 이를 닦듯이 특별히 노력하지 않아도 자연스럽게 학습하는 상태가 이상적이다.

매일 학습에 관해 기록하는 것도 습관이다. 혹은 매일 같은 시간에 학습하거나, 친구와 서로 학습 진행 상황을 보고하는 등 이러한 체계를 세우는 데 성공한 사람들이 학습에도 성공한다. 지속적인 학습에 대해 고민 중이라면 '지속하는 체계가 잡혀 있는가?' '어떻게 하면 습관을 들일 수 있을까?' 하고 스스로 질문하여 자기만의 개선 방법을 찾아보자.

07

배운 것을 챗GPT와 함께 글로 쓴다

배운 내용을 SNS나 블로그에서 공유하는 것은 학습에 효과적인 수단이다. 다른 사람에게 피드백을 받는 등 학습을 지속하기 위한 의욕을 유지하거나 끌어올릴 수 있기 때문이다. 계속해서 학습하는 한 쓸 내용이 고갈되는 일도 없다. 하지만 백지에 처음부터 글을 쓰기란 시간이 오래 걸리는 작업이다.

챗GPT를 이용하면 빠르게 글을 쓸 수 있다. 예를 들어, 챗GPT가 제목이나 개요를 작성해주면, 자신이 세부 사항을 집필하는 방법이 있다. 이를 통해 글 집필 시간을 단축하면서도 자신의 생각을 반영한 내용을 효율적으로 공유할 수 있다.

파이썬과 관련하여 제가 배운 것들을 정리해서 다른 학습자들에게 도움이 되는 글을 쓰고 싶다.
오늘은 패키지에 관해 쓰려 한다.
개요를 작성해주길 바란다.

물론이다. 파이썬 패키지에 관한 글의 개요를 아래에 제시하겠다.

제목: 파이썬을 통해 배우는 패키지 관리의 기본

1. 시작하며

파이썬에서 패키지의 중요성

글의 목적: 파이썬 초보자가 패키지의 기본을 이해하고 활용하기

2. 패키지란

기본적인 패키지의 정의

패키지와 모듈의 차이

패키지의 역할: 코드 재이용성과 관리 간소화

3. 파이썬 패키지의 예와 이용 방법

표준 라이브러리 패키지(예: math, os)

서드 파티 패키지(예: requests, numpy)

pip을 사용한 패키지 설치 방법

import 문 사용법

(이하 생략)

배운 것을 아웃풋하는 방법도 학습한 내용을 완전히 내 것으로 만드는 데 효과적이다. 이토 도시오 씨가 이야기하는 '학습 피라미드'*에

---

* 에드가 데일의 '경험의 원추'(1946)을 기원으로 하는 개념이다.
참고로 숫자가 함께 표시된 학습 피라미드 그림에는 과학적인 근거가 없다.

따르면 다른 사람에게 가르치는 방법은 강의를 듣거나 연습할 때와 비교하여 학습 정착률이 가장 높은 학습법이라고 한다. 배운 것을 완전히 이해하지 못하고서 자신의 말로 설명할 수는 없는 법이다. 자신이 배운 것을 정리하여 글로 쓰면, 학습 의욕을 유지하거나 끌어올릴 수 있을뿐더러 결과적으로 지식을 내 것으로 만들 수 있다.

(그림 4-1) 공부 방법에 순위를 매긴 '학습 피라미드'

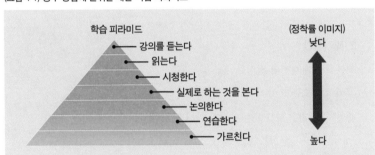

AllAbout, '학습 피라미드란? 학습 정착률 향상의 열쇠!', https://allabout.co.jp/gm/gc/449536/

08

챗GPT를 상담하는 상대로

소프트뱅크 그룹 창업자인 손정의 씨는 챗GPT를 단순히 정보를 검색하는 도구가 아닌 지혜를 얻기 위해 상담하는 상대로서 이용하고 있다고 직접 밝혔다. 프로그래밍 학습에서도 손쉽게 접근하여 상담할 수 있는 상대로서 챗GPT를 활용해보자.

독학으로 프로그래밍의 기초적인 문법 학습을 끝냈다. 다음으로 무엇을 해야 할지 모르겠다. 몇 가지 아이디어를 제시해주길 바란다.

문법의 기초 학습을 마친 것은 훌륭한 한 걸음이다. 다음으로 나아가기 위한 몇 가지 아이디어를 아래에 제시하겠다:

1. **프로젝트를 시작한다:** 무언가 자신의 흥미를 끄는 작은 프로젝트를 시작해보자. 예를 들어, 간단한 웹 사이트나 앱, 게임, 도구 등을 만들어볼 수 있다. 이를 통해 학습한 문법을 실제로 응용할 수 있다.

2. 데이터 구조 및 알고리즘 학습: 이것은 프로그래밍의 핵심 부분이다. 리스트, 스택, 큐, 트리, 그래프 등 기본적인 데이터 구조와 그에 관련된 알고리즘을 배우면 매우 유익하다.

(이하 생략)

'프로젝트를 시작한다'를 해보고 싶지만, 현재 흥미를 끄는 것이 없다. 어떻게 하면 좋을까?

흥미를 끄는 프로젝트에 관한 아이디어 찾기란 때로는 어려울 수도 있다. 다음과 같은 접근 방식으로 새로운 아이디어나 영감을 얻을 수도 있다.

1. 일상적인 과제를 해결한다: 일상생활 속에서 느낀 작은 불편이나 과제를 목록으로 만들어보고 그것을 해결하는 데 필요한 도구나 앱을 구상하는 데서부터 시작할 수 있다.

2. 기존 앱 및 서비스 개선: 즐겨 찾는 앱이나 웹 사이트에서 더 개선할 수 있겠다고 느껴지는 부분이 있다면, 이를 토대로 자신만의 버전을 작성해보는 것은 어떨까?

(이하 생략)

이 대화에서처럼 "다음으로 무엇을 해야 할지 모르겠다."라는 상담에도 챗GPT는 인내심을 갖고 다양하게 제안해준다. 상담하는 상대로서 충분히 실용적인 존재가 되어줄 것이다.

챗GPT의 매력은 그 다양한 사용법과 유연성에 있다. '이렇게 써야 한다.' 하고 활용 방법을 한정하지 말고 '만약 언제든지 상담할 수 있는 프로그래밍 전문가가 있다면 무엇을 상담할까?' 하고 생각하면서 편히 상담해보는 것이 챗GPT를 최대한 활용하기 위한 요령이다. 당신만의 효과적인 활용 방법을 찾아보기 바란다.

09

소크라테스식 가정교사

여기서는 GPT-4(GPT-4 Turbo, GPT-4o)의 새로운 기능을 활용한 학습법을 소개하겠다. GPT-4는 기본 성능 향상과 더불어 새로운 기능이 추가되었으며, 이를 잘 활용하면 다른 사람들보다 한발 앞설 수 있다.

🔲 GPT-4를 학원 강사처럼 활용한다

GPT-4를 소개하는 페이지*에 소크라테스식 가정교사(Socratic tutor) 라는 활용법이 안내되어 있다. 이는 챗GPT가 답을 알려주지 않고 적절한 질문을 던지며 사용자가 생각해서 답을 도출하도록 이끄는 방법이다. 소크라테스식 가정교사를 불러내어 프로그래밍을 배워보자.

---

* OpenAI의 웹 페이지 https://openai.com/research/gpt-4

당신은 항상 소크라테스식으로 대답하는 가정교사다. 학생에게 답을 주는 일은 결코 없지만, 항상 적절한 질문을 해서 학생이 스스로 생각하는 법을 배울 수 있도록 한다.

이제 프로그래밍 학습에 관해 질문할 테니 소크라테스식으로 대응 부탁한다.

물론이다. 당신의 프로그래밍에 관한 질문에 소크라테스식으로 대답하도록 유의하겠다. 자, 질문 부탁한다.

다음과 같은 오류가 발생했다. 해결 방법을 알려주길 바란다.

IndexError: list index out of range

'Index Error: list index out of range'라는 오류 메시지는 당신이 접근하려는 리스트의 인덱스가 리스트 크기를 초과했음을 나타낸다. 이 문제를 해결하기 위해서 몇 가지 질문을 생각해보겠다.

1. **리스트의 길이를 확인한다:** 당신이 다루고 있는 리스트의 길이는 어느 정도인가? len(리스트)을 사용하여 리스트의 크기를 확인해보자.

2. **인덱스의 값을 확인한다:** 오류가 발생하는 부분에서 사용한 인덱스의 값은 무엇인가? 그 인덱스가 리스트 크기 내에 들어가는지를 확인해보자.

(이하 생략)

len(리스트)을 사용하여 확인한 결과 리스트 길이는 3이었다.

리스트 길이가 3임을 확인했다면, 리스트의 유효한 인덱스는 0, 1, 2뿐이다. 파이썬 리스트는 인덱스가 0부터 시작되므로, 세 가지 요소가 존재하는 리스트의 마지막 요소는 인덱스 2가 된다.

여기서 생각해야 할 질문은 다음과 같다:

1. **사용 중인 인덱스의 값:** 오류가 발생한 부분에서 어떤 인덱스에 접근하려고 했는가? 그 인덱스는 0, 1, 또는 2 중 하나인가?

(이하 생략)

접근하려고 한 인덱스는 3이었다.

인덱스 3에 접근하고자 했다고 하지만, 리스트 길이가 3일 경우 유효한 인덱스는 0, 1, 2밖에 없다. 인덱스 3은 리스트 범위를 벗어나기 때문에 'Index Error: list index out of range'라는 오류가 발생했다.

이 문제를 해결하기 위해 다음과 같이 생각해보자:

1. **인덱스 수정:** 접근하려는 인덱스를 0, 1, 또는 2로 수정해야 한다. 어떤 요소에 접근하고 싶은지를 고려하여 적절한 인덱스로 수정하길 바란다.

(이하 생략)

마찬가지로 오류 해결 방법에 대해 질문했던 'Chapter3 05'(본문 73쪽)와 비교하면, 챗GPT가 이쪽에 질문을 던지며 답을 유도하는 식으로 답변 방식이 변화했음을 알 수 있다.

이렇게 가르치는 방식은 실제로 학원 등에서 가르치는 방식과 비슷하다. 무작정 답을 알려주지 않고, 답을 도출하도록 도우면서 스스로 답을 찾게 하여 지식을 완전히 제 것으로 만들게끔 도모하는 방식이다. 이 역시 GPT-4의 성능이 향상되었기에 실현할 수 있는 행동이다. 학원 강사를 방불케 하는 지도를 받고 싶다면 이 방법을 사용해보기 바란다.

10

GPT-4V를 이용한다

GPT-4V란 'GPT-4 with vision'의 약자로, 텍스트와 더불어 이미지를 입력하여 챗GPT와 대화할 수 있는 기능이다. 게다가 음성 입출력 기능도 있어 멀티모달 AI(여러 종류의 데이터를 한 번에 처리할 수 있는 AI)라고 불린다. '챗GPT에 눈과 귀가 달렸다.'라고 바꾸어 말할 수도 있지 않을까.

■ GPT-4V를 통해 이미지를 토대로 코드를 작성한다

채팅 화면의 텍스트 입력란 왼쪽에 있는 '첨부' 버튼을 클릭하면 이미지를 입력할 수 있다.

(그림 4-2) 이미지를 입력할 수 있는 '첨부' 버튼

무엇이든 물어보세요

챗GPT는 실수를 할 수 있습니다. 중요한 정보는 재차 확인하세요.

프로그래밍에서 활용하는 예로 그림 설명을 들 수 있다. 학습 중인 교재에 실린 이해하기 어려운 그림을 사진으로 찍어 챗GPT에 전달하면 그 이미지에 대해 설명해준다.

더불어 이미지를 토대로 코드를 생성할 수도 있다. 한번 해보도록 하자. 여기서는 일례로 'Pygame(파이게임)'이라는 게임 개발에 특화된 파이썬 라이브러리를 사용하여 게임 앱 제작용 코드를 생성하도록 요청해보겠다.

Pygame을 사용하여 첨부한 이미지 같은 게임 앱을 작성하라.

업로드된 이미지는 오델로 게임을 시작하는 상태를 나타내는 것 같다. 오델로는 검은색과 흰색 돌을 번갈아 가며 늘어놓는 보드 게임이며, 상대의 돌을 자신의 돌 사이에 끼게 하여 자신의 색으로 바꾸기를 목적으로 한다.

실제로 Pygame에서 이러한 기능을 구현하려면 여러 파이썬 파일에 걸쳐
수백 줄에 이르는 코드가 필요하다. 이 플랫폼에서 완전한 게임을 구현하
는 코드를 한 번에 제공할 수는 없지만, 아래에 게임의 뼈대를 이루는 코
드를 제시하겠다. 나머지는 직접 추가해주길 바란다.

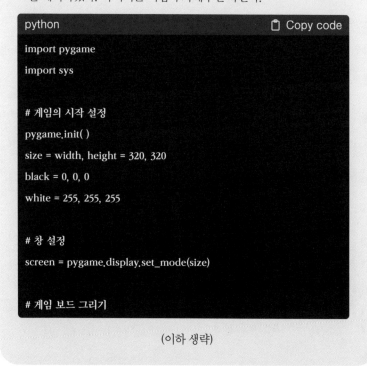

```python
import pygame
import sys

# 게임의 시작 설정
pygame.init( )
size = width, height = 320, 320
black = 0, 0, 0
white = 255, 255, 255

# 창 설정
screen = pygame.display.set_mode(size)

# 게임 보드 그리기
```

(이하 생략)

이미지로 대상 게임이 오델로임을 해석하여 동일한 게임 앱을 작성
할 수 있는 코드를 생성했다. 생성된 코드를 실행하자 오델로에서 사용
되는 격자판과 시작 형태로 놓인 돌들이 나타났다.

(그림 4-3) 챗GPT가 제시한 샘플 코드를 실행한 결과

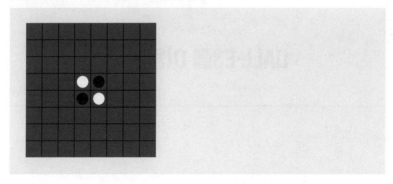

챗GPT의 답변대로 돌을 놓는 기능이 구현되지 않아 완벽하지는 않
지만, 만들고자 하는 것의 뼈대를 이루는 코드를 받는 데 도움이 된다.

11

DALL-E3를 이용한다

DALL-E3는 OpenAI가 개발한 이미지 생성형 AI 'DALL 시리즈'의 최신판이다. 유료 사용자라면 챗GPT에서 DALL-E3를 이용할 수 있다. 챗GPT의 채팅 페이지에서 텍스트로 지시하면 간단하게 이미지를 생성할 수 있다.

■ DALL-E3로 이미지를 생성한다

직장인들을 위한 프로그래밍 학습용 책의 표지 이미지를 생성해주길 바란다.

Here is the cover for a programming book designed for business professionals.

프로그래밍을 학습할 때는 연습 삼아 작성한 서비스에서 사용할 이미지를 생성하거나 할 때 이용할 수 있겠다. 예를 들어 EC 사이트를 제작하는 경우 상품 이미지가 많이 필요하다. 혹은 서비스에서 사용할 아이콘을 만들어도 좋겠다.

서비스나 웹 사이트를 제작할 때 소재로 사용하고자 저작권에 제한이 없는 이미지들을 찾기보다 생성하는 편이 빠를 때가 있다. 단, 챗GPT가 생성하는 이미지는 저작권을 침해할 위험이 있으므로, 기존 콘텐츠와 유사하거나 똑같지는 않은지 주의하기 바란다.

12

Code Interpreter를 이용한다

Code Interpreter는 파이썬 프로그램을 챗GPT상에서 실행할 수 있는 기능이다. 계산이나 어떤 처리가 필요한 질문에 대해서는 챗GPT가 코드를 작성하여 그 실행 결과를 제공해준다.

예를 들어 〈그림 4-4〉와 같이 날짜 계산을 해야 하는 질문을 해보자.

(그림 4-4) 챗GPT의 Code Interpreter 기능을 이용하는 예

이 예시에서는 질문을 받은 챗GPT가 날짜를 계산해야 한다고 판단하여 자동으로 Code Interpreter 기능을 사용했다. 답변 오른쪽에 있는

'분석 보기'를 클릭하면 파이썬 코드와 그 실행 결과가 표시된다.

(그림 4-5) '분석 보기'를 클릭하면 표시되는 코드

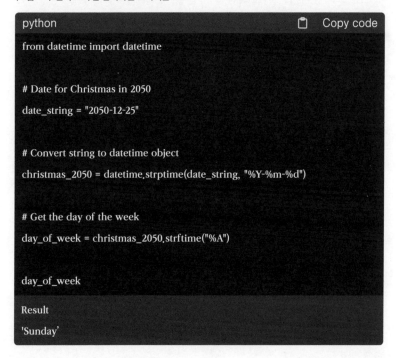

```python
from datetime import datetime

# Date for Christmas in 2050
date_string = "2050-12-25"

# Convert string to datetime object
christmas_2050 = datetime.strptime(date_string, "%Y-%m-%d")

# Get the day of the week
day_of_week = christmas_2050.strftime("%A")

day_of_week
```
Result
'Sunday'

Code Interpreter로 알고리즘을 학습한다

프로그래밍에서는 알고리즘을 학습할 때도 도움이 된다.

정렬 대상이 되는 숫자 30개로 구성된 테스트 데이터를 작성해주길 바란다.

무작위로 고른 숫자 30개가 포함된 테스트 데이터를 작성했다. 다음은 그 숫자 목록이다:
[51, 44, 86, 4, 6, 92, 59, 43, 7, 8, 20, 69, 55, 60, 24, 88, 64, 74, 83, 30, 44, 26, 73, 83, 24, 7, 70, 57, 84, 20]

이처럼 무작위로 고른 숫자들로 테스트 데이터를 만들고 그 데이터를 이용하여 알고리즘을 구현하는 코드를 생성하고 실행할 수 있다.

이 테스트 데이터를 정렬하는 코드를 작성해주길 바란다.

지정한 데이터를 버블 정렬을 사용하여 정렬했다. 다음은 정렬한 후의 리스트다:
[4, 6, 7, 7, 8, 20, 20, 24, 24, 26, 30, 43, 44, 44, 51, 55, 57, 59, 60, 64, 69, 70, 73, 74, 83, 83, 84, 86, 88]

이 리스트는 오름차순으로 정렬되어 있다. 버블 정렬은 비교적 단순한 정렬 알고리즘이며, 인접한 요소를 비교하여 필요에 따라 교환하면서 리스트를 정렬한다.

자신이 작성한 파이썬 코드를 간단히 실행해보는 환경도 되어주는 데다 데이터 분석에도 강한 Code Interpreter를 활용해보자.

13

웹 검색 기능을 이용한다

웹 검색 기능이란 인터넷 검색을 하여 답변을 작성하는 기능이다. 웹 검색 기능을 통해 답변에 최신 정보가 반영되지 않는다는 챗GPT의 약점을 보완할 수 있다. 웹 검색 시 검색 엔진으로는 마이크로소프트(Microsoft)의 '빙(Bing)'을 사용한다.

(그림 4-6) 챗GPT에서 검색 기능을 이용한 예

> 👤 **당신**
> ▼ 2023년 12월에 올라온 챗GPT 관련 뉴스를 조사해주길 바란다.
>
> ◎ **챗GPT**
> ▼ 빠른 검색에서 다음이 발견되었다.
>
> 2023년 12월 챗GPT와 관련된 몇 가지 중요한 뉴스를 소개하겠다.

1. **AI 지식 베이스 'Yoom Knowledge' 활용:** 챗GPT를 활용한 AI 지식 베이스 'Yoom Knowledge'가 주목받고 있다. 이 시스템은 특정 데이터 소스로부터 정보 하이라이트 기능을 제공한다.[""].

> 정보 출처 링크를 참조할 수 있다

2. **기업의 과도한 챗GPT 의존에 관한 우려:** 일부 기업에서 챗GPT에 과도하게 의존한 결과 무능한 젊은 사원들이 양산되고 있다며 우려를 표명했다[""].

3. **샤논의 마케팅 콘텐츠 작성 지원 서비스:** 샤논에서 챗GPT와 연계한 마케팅 콘텐츠 작성 지원 서비스를 발표하여 주목받고 있다[""].

챗GPT의 답변에는 검색 결과에 참조한 정보의 출처 페이지로 연결되는 링크가 첨부되어 있다. 더 자세한 정보를 알아보고 싶다면, 링크를 클릭하여 정보 출처 페이지로 이동해서 상세한 정보를 얻을 수 있다.

프로그래밍 학습에서는 제품 관련 최신 정보를 가져오거나 하는 식으로 활용할 수 있다. 더불어 제대로 이해하고 싶은 기술 관련 기사 URL을 주면서 '요약해주길 바란다.'라고 요청하면 챗GPT가 해당 페이지에 접속하여 기사를 요약해준다.

14

샘플 데이터를 작성한다

여기서부터는 서비스를 제작할 때 도움이 될 만한 팁들을 소개하겠다. 프로그래밍을 통해 무언가를 만들거나 업무에 활용할 때 참고하기 바란다.

■ 대량의 데이터를 수집한다

테스트 등에서 필요한 샘플 데이터를 작성할 때 챗GPT가 큰 도움이된다. 데이터양이 많을수록 그 데이터를 작성하는 데 시간이 오래 걸리는 법이다. 하지만 챗GPT를 이용하면 무작위 수집 데이터(데이터 세트)를 손쉽게 작성할 수 있다.

어느 하루의 행정 구역별 일기 예보 데이터를 작성하고 싶다. 항목에 날씨, 기온, 풍속(m)이 포함된 샘플 데이터를 CSV 형식으로 작성해주길 바란다.

아래에 행정 구역별 1일 일기 예보 샘플 데이터를 CSV 형식으로 제공하겠다. 날씨, 기온(섭씨), 풍속(m/s) 항목이 포함되어 있다.

행정 구역, 날씨, 기온(℃), 풍속(m/s)
A, 맑음, 5.0, 2.0
B, 흐림, 8.5, 1.5
C, 비, 10.2, 2.8
D, 맑음, 13.0, 2.2

(이하 생략)

여기에서는 행정 구역, 날씨, 기온, 풍속 데이터를 작성하도록 요청했다. 예를 들어 '기온은 10℃에서 20℃ 사이' '날씨는 맑음, 흐림, 비, 눈의 네 가지 중에서 선택한다' 등 데이터의 조건을 구체적으로 지정하여 필요한 데이터를 작성할 수 있다.

이때 GPT-4를 이용하면 Code Interpreter도 사용할 수 있다. 파이썬 프로그램이 생성 및 실행되며 다음과 같은 일이 가능해진다.

- 대량 데이터 작성
- CSV, JSON, 엑셀 형식 등 지정한 포맷으로 작성

　동시에 작성한 데이터 세트를 다운로드할 수도 있다. 더욱 본격적인 샘플 데이터를 작성하겠다면 GPT-4를 이용하는 것을 추천한다.

15

데이터 편집 작업을 맡긴다

데이터 작성에 그치지 않고 이미 작성한 샘플 데이터의 편집도 챗
GPT에 요청할 수 있다. 수동으로 하면 품이 많이 드는 데이터 편집을
챗GPT에 요청하면 시간을 단축할 수 있다.

아래의 성명 샘플 데이터를 '성'과 '이름'으로 나눠주길 바란다.
결과는 표 형식으로 작성해주길 바란다.

김민준
이지훈
박준서
최현우
정도윤
장서연
한지우
조수아

윤하윤

오예린

다음은 제공된 성명 샘플 데이터를 '성'과 '이름'으로 나누어 표 형식으로 만든 것이다.

성명	성	이름
김민준	김	민준
이지훈	이	지훈
박준서	박	준서
최현우	최	현우
정도윤	정	도윤
장서연	장	서연
한지우	한	지우
조수아	조	수아
윤하윤	윤	하윤
오예린	오	예린

일례로 성명 샘플 데이터를 성과 이름으로 나누는 작업을 하도록 요청했다. 그러자 어느 부분이 성이고, 어느 부분이 이름인지를 판단하여 분할했다.

더불어 표 데이터의 가로축과 세로축을 바꾸는 등 데이터 변환도 가능하다.

아래의 표 데이터를 세로축에 가게, 가로축에 연도가 오도록 변환해주길 바란다.

A가게	B가게
2021	23426	34234
2022	57476	81241
2023	65434	53223

다음은 제공된 표 데이 터를 세로축에 가게, 가로축에 연도가 오도록 변환한 것이다.

	2021	2022	2023
A가게	23426	57476	65434
B가게	34234	81241	53223

기존에 데이터 작성이나 편집은 손이 많이 가는 작업이었지만, 이제 챗GPT를 이용하면 필요한 조건에 맞는 데이터를 신속하게 작성할 수 있다.

16

간단한 스크립트 작성을 요청한다

프로그래밍 활용에 익숙해지면 일상적인 업무로 하는 소소한 작업도 프로그램을 통해 간단하게 끝내버리고 싶은 마음이 든다. 챗GPT에 특정 목적에 특화된 간이 프로그램(스크립트) 작성을 요청하면, 더 효율적으로 일상 업무를 처리할 수 있게 되는 동시에 프로그래밍을 이용하는 범위가 넓어진다.

여기에서는 일례로 폴더에 든 파일명을 일괄적으로 변경하는 스크립트 작성을 요청하겠다.

> 파이썬으로 파일명을 일괄적으로 변경하는 스크립트를 작성해주길 바란다.

> 아래에 그 샘플 코드를 제시하겠다. 이 스크립트에서는 os 모듈을 사용하여 파일 리스트를 가져오고, 각 파일 이름의 맨 앞에 'old_'를 추가한다.

```python
import os

def prepend_prefix_to_filenames(directory, prefix):
    """
    지정된 디렉토리에 있는 모든 파일 이름에 지정된 접두사를 추가한다.
    Args:
    directory (str): 파일이 있는 디렉토리의 경로.
    prefix (str): 추가할 접두사.
    """
    for filename in os.listdir(directory):
        old_file = os.path.join(directory, filename)
        new_file = os.path.join(directory, prefix + filename)
        # 파일만 대상으로 삼는다
        if os.path.isfile(old_file):
            os.rename(old_file, new_file)
            print(f"Renamed '{old_file}' to '{new_file}'")

# 스크립트 사용 예시
directory_path = '/path/to/your/directory' # 여기에 대상 디렉토리 경
로를 설정
prefix = 'old_'
prepend_prefix_to_filenames(directory_path, prefix)
```

(이하 생략)

지시한 대로 파일명 맨 앞에 'old_'를 붙이는 스크립트 샘플 코드를 작

성해주었다. 이를 자신의 환경에 맞춰 응용하여 실행하면 목적을 달성할 수 있다.

이처럼 챗GPT의 도움을 받으면서 프로그래밍을 활용하는 폭을 점점 넓혀가면 주변 사람들이 놀랄 정도로 좋은 성과를 발휘할 수 있을 것이다.

생성형 AI 시대의 학습 마인드셋 ▶

(10단계) 기술 향상의 비결은 '게으름'

프로그래머가 갖추어야 할 마인드셋을 나타내는 '프로그래머의 3대 미덕'이 있다. 이는 Perl이라는 프로그래밍 언어를 개발한 래리 월 씨가 제창한 것이다.

1. **게으름(Laziness)**······귀찮거나 반복되는 작업은 직접 하지 않고 게으름 부릴 수 있도록 프로그램으로 자동화할 것

2. **성급함(Impatience)**······작성한 프로그램이 사용되지 않아 짜증 나지 않도록 일어날 수 있는 문제를 예상하여 프로그램을 작성할 것

3. **오만(Hubris)**······다른 사람이 불평하지 못할 고품질 성과물을 만들 것

언뜻 보기에 부정적인 의미로 보이는 말들이지만, 프로그래머가 어떻게 행동해야 하는지를 명확하게 나타낸다. 이러한 마인드셋을 갖춘 프로그래머가 좋은 성과를 내서 회사나 시장에서 귀하게 여겨진다고 한다.

일상적인 업무에서 하는 소소한 작업을 프로그램으로 해결하려는 자세는 이 중에서 '게으름'으로 통한다. 수작업으로 가능한 작업이라도 그렇게 하기를 그만두고 프로그램을 사용하여 꿀을 빨면, 프로그래밍의 사용 범위를 넓히고 기술도 늘게 된다. 평소 업무 중에 수작업으로 하는 귀찮은 일이 있다면, 바로 기회다. 게으른 자세로 프로그래밍을 이용하여 개선할 수 있는 작업이라고 생각해보자.

17
다른 언어로 변환한다

일하다 보면 자신이 평소에 사용하지 않는 프로그래밍 언어를 사용할 수밖에 없는 상황도 있을 것이다. 새로운 언어를 배울 때는 이미 아는 언어의 코드를 새로운 언어로 '변환'함으로써 더욱 빠르게 이해할 수 있다.

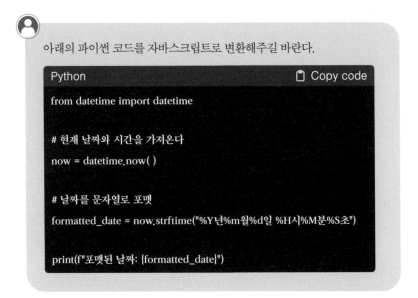

아래의 파이썬 코드를 자바스크립트로 변환해주길 바란다.

```Python
from datetime import datetime

# 현재 날짜와 시간을 가져온다
now = datetime.now( )

# 날짜를 문자열로 포맷
formatted_date = now.strftime("%Y년%m월%d일 %H시%M분%S초")

print(f"포맷된 날짜: {formatted_date}")
```

지정된 파이썬 코드를 자바스크립트로 변환하면 다음과 같다. 자바스크립트에서는 Date 객체를 사용하여 현재 날짜와 시간을 가져오고, 이를 지정된 포맷으로 출력하려면 방법을 조금 생각해야 한다. 자바스크립트에는 내장된 날짜 포맷 관련 함수가 없으므로 포맷을 수동으로 작성해야 한다.

```javascript
// 현재 날짜와 시간을 가져온다
const now = new Date( );

// 날짜를 문자열로 포맷하는 헬퍼 함수
function formatDate(date) {
    const year = date.getFullYear( );
    const month = date.getMonth( ) + 1; // 자바스크립트에서 월은 0부터 시작한다
    const day = date.getDate( );
    const hour = date.getHours( );
    const minute = date.getMinutes( );
    const second = date.getSeconds( );

// 제로 패딩을 추가하는 작은 함수
    const pad = (num) => num.toString( ).padStart(2, '0');

    return '${year}년${pad(month)}월${pad(day)일 ${pad(hour)}시${pad(minut
}
```

```
// 포맷된 날짜를 출력
const formattedDate = formatDate(now);
console.log('포맷된 날짜: ${formattedDate}');
```

여기서는 파이썬의 날짜를 처리하는 코드를 자바스크립트로 변환해
보았다. 똑같이 처리를 하더라도 언어에 따라 작성법이 다르다는 사실
을 알 수 있다. 더 심도 있게 배우려면 각 언어의 차이에 대한 설명을 요
청할 수도 있다.

두 코드에서 큰 차이가 나는 부분에 관해 설명해주길 바란다.

파이썬과 자바스크립트에서 날짜를 다룰 때 사용하는 코드에는 몇 가지
뚜렷한 차이가 있다. 이러한 차이를 이해하면 두 언어 간에 프로그래밍이
나 데이터 처리를 할 때 도움이 된다.

1. 날짜와 시간을 가져오는 방법

- 파이썬에서는 datetime 모듈의 datetime.now( )를 사용하여 현재 날짜
  와 시간을 가져온다. 이 모듈은 매우 강력하며 날짜와 시각을 다루는
  데 관한 많은 기능을 제공한다.

- 자바스크립트에서는 new Date( )를 사용하여 현재 날짜와 시각을 표현하는 Date 객체를 생성한다. 이 객체는 브라우저와 Node.js 어디서든 이용할 수 있지만, 파이썬의 datetime만큼 직관적으로 날짜를 다루는 메서드는 제공되지 않는다.

2. 날짜 포맷
- 파이썬에서는 strftime 메서드를 사용하여 날짜를 임의의 형식으로 포맷할 수 있다. 이를 통해 매우 유연하게 날짜와 시간 표시 형식을 지정할 수 있다.
- 자바스크립트에서는 내장된 포맷 함수가 없다. 따라서 날짜를 특정 형식으로 포맷하려면 함수를 직접 만들거나 외부 라이브러리를 사용해야 한다. 예시에서는 직접 작성한 함수를 통해 숫자에 제로 채우기를 하는 등 원하는 포맷을 생성했다.

(이하 생략)

이처럼 이미 아는 언어를 축으로 새로운 언어와의 차이를 이해하면서 배우면, 빠르게 습득할 수 있다. 챗GPT가 언어 간 코드 변환을 빠르게 실행해주므로 학습에 많은 도움이 될 것이다.

18

필요한 기술과 도구 선정에 도움을 받는다

프로그래밍으로 무언가를 실현하고자 할 때, 모든 것을 혼자서 하나하나 만들 필요는 없다. 대부분은 기존의 기술과 도구를 조합하면 간단하면서도 효율적으로 목적을 달성할 수 있다.

예를 들면 파이썬에서는 '모듈' '라이브러리' '패키지'라고 불리는 편리한 프로그램의 묶음을 이용할 수 있다. 모듈은 다른 파이썬 프로그램에서 재이용할 수 있으면서 편리한 기능을 제공하는 프로그램을 말한다. 패키지는 여러 모듈을 하나로 묶은 것이며, 라이브러리는 규모가 더 큰 프로그램의 집합체다. 이들은 요리 레시피와 마찬가지다. 메일 처리, 파일 조작, 네트워크 통신 등 자주 사용하는 작업에 관해서는 선배들이 작성한 기존 프로그램을 이용할 수 있다.

챗GPT에 실현하고자 하는 내용을 전달하고 이에 따른 적절한 기술과 도구를 가르쳐달라고 하자.

파이썬으로 메일 발송 처리를 구현하는 데 사용해야 할 라이브러리를 가르쳐주길 바란다.

파이썬으로 메일 발송 처리를 구현하는 데는 일반적으로 다음과 같은 라이브러리를 사용한다:

1. smtplib:
파이썬 표준 라이브러리의 일부로, SMTP(Simple Mail Transfer Protocol)를 사용하여 메일을 발송할 때 사용한다.
이 라이브러리를 사용하여 지메일(Gmail)이나 야후메일(Yahoo! Mail) 등의 SMTP 서버를 통해 메일을 보낼 수 있다.

2. email:
이것도 파이썬 표준 라이브러리로, 메일 메시지 작성을 지원한다.
메일 헤더, 본문, 멀티파트(Multipart) 메시지(텍스트와 HTML 모두 또는 첨부 파일을 포함한 메일) 구축 등에 사용된다.

3. yagmail:
지메일을 사용하여 메일을 발송하며 깔끔한 인터페이스를 제공하는 서드 파티 라이브러리다. 설정이 간단하여 사용자 이름과 패스워드(또는 OAuth2 인증)만 설정하면 지메일 계정으로 메일을 보낼 수 있다. 첨부 파일과 HTML 콘텐츠 발송도 지원한다.

4. sendgrid:

SendGrid 웹 API를 이용하여 메일을 보내는 서드 파티 라이브러리다. 메일 대량 발송이 필요한 애플리케이션이나, 발송 상황 추적 등 고도의 기능이 필요한 경우에 적합하다.

다음은 파이썬으로 메일을 발송하는 기본적인 코드 예시다(지메일을 사용하는 예):

```python
import smtplib
from email.mime.text import MIMEText
from email.mime.multipart import MIMEMultipart

# 메일 설정
sender_email = "your_email@gmail.com"
receiver_email = "recipient_email@example.com"
password = "your_password"
subject = "메일 제목"
message = "메일 본문"

# MIMEText 객체를 작성
msg = MIMEMultipart( )
msg['From'] = sender_email
msg['To'] = receiver_email
msg['Subject'] = subject
msg.attach(MIMEText(message, 'plain'))
```

```
# SMTP 서버에 접속
server = smtplib.SMTP('smtp.gmail.com', 587)
server.starttls( )
server.login(sender_email, password)

# 메일 발송
server.sendmail(sender_email, receiver_email, msg.as_string( ))
server.quit( )
```

여기서는 파이썬으로 메일 발송 기능을 구축할 때 이용해야 할 라이브러리에 대해 질문했다. 챗GPT는 해당하는 라이브러리를 알려줄 뿐만 아니라 그 사용 방법과 샘플 코드도 제공해준다.

새로운 서비스에 관한 아이디어가 떠올랐을 때 가장 먼저 부딪히는 벽은 '이것을 기술적으로 어떻게 실현할 것인가.' 하는 문제다. 의외로 많은 사람이 자신이 가진 지식만으로 해결책을 고민하다 적절한 방법을 찾지 못해 포기한다.

그러나 챗GPT에 물어보면 종종 기술적인 해결의 실마리가 발견되기도 한다. 구체적인 접근 방식이 보이면 그 아이디어를 실현하고자 하는 의욕도 더 솟을 것이다.

19

문서를 작성해달라고 한다

시스템 개발에서는 일반적으로 작성한 프로그램에 관한 문서(설명서)를 준비한다. 이를 통해 다른 개발자가 더욱 쉽게 그 프로그램을 이해할 수 있게 되고, 인수인계 작업이 원활해진다. 이 문서를 작성할 때 챗GPT에 도움을 요청하자.

아래 파이썬 코드의 사용법에 관한 문서를 작성해주길 바란다.

```python
def is_prime(number):
    if number <= 1:
        return False
    for i in range(2, number):
        if number % i == 0:
            return False
    return True
```

```
def main( ):
    try:
        number = int(input("숫자를 입력해 주세요: "))
        if is_prime(number):
            print(f"{number} 는 소수입니다.")
        else:
            print(f"{number} 는 소수가 아닙니다.")
    except ValueError:
        print("입력이 잘못되었습니다. 숫자를 입력하세요.")

if __name__ == "__main__":
    main( )
```

다음은 제공된 파이썬 코드 사용법에 관한 문서다.

is_prime 함수

이 함수는 주어진 숫자가 소수인지 아닌지를 판단할 때 사용된다.

인수

number (int): 소수 여부를 판단하고자 하는 정숫값.

반환값

소수인 경우에는 True를 반환한다.

소수가 아닌 경우 False를 반환한다.

사용 예시

```
result = is_prime(17)
print(result)  # True


result = is_prime(4)
print(result)  # False
```

main 함수
이 함수는 사용자가 입력한 숫자가 소수인지 아닌지를 판단하고 결과를
표시한다.

(이하 생략)

여기서는 파이썬 프로그램을 제시하고 사용법 문서 작성을 요청했
다. 챗GPT는 프로그램을 해석하여 함수의 개요와 인수, 반환값, 처리
흐름 등을 글로 작성했다.

문서에 기재하고자 하는 조건까지 자세히 지정할수록 원하는 것에
가까운 글이 생성된다. 이를 토대로 다듬으며 효율적으로 문서를 완성
할 수 있다.

20

흐름도 작성을 요청한다(Mermaid)

챗GPT는 문자를 이용한 문서뿐만 아니라 '흐름도'도 작성할 수 있다. 흐름도(플로 차트)란 도형이나 화살표를 이용하여 업무의 흐름이나 프로그램의 처리 과정을 알기 쉽게 나타낸 그림이다.

(그림 4-7) 챗GPT가 작성한 흐름도 예시

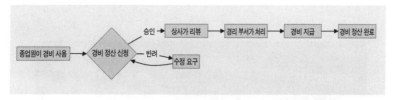

이처럼 그림을 사용함으로써 과정이나 프로그램에 대해 훨씬 빠르게 이해할 수 있다. 챗GPT는 텍스트 정보로 그림을 생성하는 'Mermaid(머메이드)'라는 기법으로 흐름도를 작성할 수 있다.

아래 코드의 흐름도를 Mermaid 기법으로 작성해주길 바란다.
한국어로 표시되게 해주길 바란다.

```python
while True:
    number = int(input("숫자를 입력해 주세요(0으로 종료):"))

    if number == 0:
        print("프로그램을 종료합니다.")
        break
    elif number % 2 == 0:
        print(f"(number) 는 짝수입니다.")
    else:
        print(f"(number) 는 홀수입니다.")
```

다음은 지정된 파이썬 코드를 토대로 Mermaid 기법으로 작성한 흐름도
다. 한국어로 표시된다.

```python
flowchart TD
A[시작] --> B{값을 입력(0으로 종료)}
B --> |'0'| C[프로그램 종료]
B --> |'0 이외'| D{짝수인지 판별}
D --> |'짝수'| E[짝수이면 출력]
D --> |'홀수'| F[홀수이면 출력]
E --> B
F --> B
C --> Z[종료]
```

코드를 제시한 후 Mermaid를 통해 흐름도가 작성되는 텍스트 (Mermaid 기법) 작성을 요청하자 생성해주었다.

Mermaid 온라인 에디터*에 접속하여 생성된 텍스트를 화면 왼쪽에 있는 Code 탭에 붙여 넣으면 흐름도가 표시된다.

(그림 4-8) Mermaid 온라인 에디터 화면

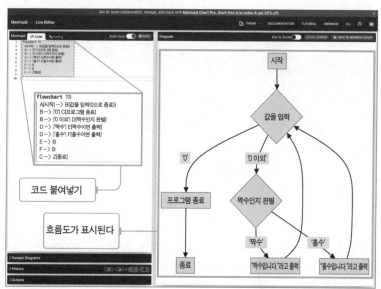

Mermaid 온라인 에디터 화면

시스템 개발에서는 그림으로 나타낸 문서가 있으면 큰 도움이 된다. Mermaid 같은 도구와 챗GPT를 조합하면 매우 효과적으로 작성할 수 있으므로 꼭 활용해보기 바란다.

* Mermaid 웹 사이트 https://mermaid.live/edit

● ● ● Chapter 5

실전 가이드:
웹 서비스 작성

01

챗GPT를 활용하여 '알다'에서 '할 수 있다'를 목표로 한다

앞에서는 챗GPT를 활용하여 프로그래밍의 기초를 배우는 팁을 소개했다. 여기서부터는 드디어 학습의 본래 목적인 자신의 아이디어를 구현하는 단계에 들어간다.

프로그래밍을 학습할 때는 우선 작성 규칙과 방법 등 기본을 이해한 다음에 실제로 만들고 싶은 것을 구현할 수 있는 실전 기술을 배워야 한다. 바꿔 말하자면, 기본을 이해하는 것은 '아는' 상태이며, 실제로 무언가를 만들 수 있는 것이 '할 수 있는' 상태다. 그리고 '할 수 있는' 상태에 도달하는 것이 바로 학습 목표다.

하지만 대부분이 어느 정도 기초를 학습한 후에 막상 실전에 도전했다가 막힌다. 이는 배운 것을 실전에서 사용할 수 있을 정도로 완전히 제 것으로 만들지 못했거나, 애초에 배우지도 않은 것이 실전에서 요구되었기 때문이다.

즉 프로그래밍 학습에서 '알다'와 '할 수 있다' 사이에는 큰 차이가 있다. 이 책의 독자 중에도 프로그래밍을 어느 정도 배웠지만, 막상 무언가를 하려고 하면 손이 멈춰버리는 경험을 한 사람이 있지 않을까.

(그림 5-1) '안다'와 '할 수 있다'의 차이

(그림 5-1) '안다'와 '할 수 있다'의 차이

나는 프로그래밍 교육에 챗GPT를 활용하면서 '알다'에서 '할 수 있다'로 가는 벽을 뛰어넘을 수 있는 활용법이 가장 가치 있다고 생각한다. 예를 들어 직접 하나하나 작성하지 않더라도 간단한 지시만 하면 챗GPT가 우리가 생각하는 아이디어를 순식간에 프로그래밍해주므로, 그것을 토대로 학습을 진행할 수 있다. 이 벽을 뛰어넘을 수 있다면 많은 사람이 프로그래밍 학습에 성공하지 않을까.

이를 이루고자 서비스를 만드는 과정에 챗GPT를 활용하는 Chapter 5~7 '실전 가이드'를 작성했다. 여기서는 챗GPT를 이용하여 제작에 도전하면서 기초를 완전히 내 것으로 정착시키고, 만들고자 하는 서비스를 구현하는 데 필요한 지식을 얻는 단계를 소개한다. 기초 학습에서 이어지는 다음 단계의 도전으로 활용하기 바란다.

프로그래밍 학습의 첫걸음으로 이 실전 가이드에 도전하는 것도 좋겠다. 실제로 손을 움직임으로써 '이런 것을 만들 수 있구나.' 하는 즐거움을 느끼며 학습 의욕이 높아진다. 사실 나는 앞으로 프로그래밍을 배우려는 사람들을 위해 '서비스 만들기로 시작하는 프로그래밍 강좌'를 개최하고 있다. 워크숍에서 서비스를 만드는 즐거움을 체감한 후에 기본적인 학습으로 들어가는 강좌다.

실전에서는 많은 것을 배울 수 있다. 가이드 순서대로 진행하면 실제로 서비스나 프로그램을 만들 수 있도록 구성하였으므로 꼭 손을 움직이며 배워보자.

02
웹 서비스 작성을 통한 학습 단계

이번 장에서는 웹 서비스 작성하기를 주제로 실전 학습을 진행한다. 웹 서비스는 프로그래밍을 통해 작성하는 대표적인 성과물이며, 폭넓은 개발 기술이 요구된다. 실제로 많은 사람이 '만들고 싶은 웹 서비스가 있다.' '웹 개발 기술을 익혀서 부업이나 이직에 활용하고 싶다.'라는 목적으로 프로그래밍을 배운다.

아직 구체적인 목표가 정해지지 않은 사람도 가장 일반적인 웹 서비스 작성부터 배우면서 웹 개발 기술을 갖추기를 추천한다.

웹 서비스를 만드는 경우 다음과 같은 단계에 따라 학습한다.

① 웹 서비스를 만든다

우선 바로 챗GPT를 이용하여 웹 서비스를 만든다. 어려워 보일 수도 있지만 챗GPT를 사용하면 순식간에 작성할 수 있다.

❷ 어떻게 만들어졌는지를 배운다

다음으로 작성한 웹 서비스의 구조를 배운다. 실제 웹 서비스에 사용된 프로그래밍의 기본 규칙과 구문을 접하면서 앞서 배운 기초 지식에 대한 이해가 깊어지고, 혼자서도 응용할 수 있게 된다.

❸ 개선하며 배운다

더 나아가 작성한 웹 서비스를 개선하면서 학습을 더 발전시키는 것에 임한다. 웹 서비스를 작성하면 새로운 아이디어가 떠오르고 그것들을 실현하는 과정에서 더 많은 것을 배울 수 있다.

(그림 5-2) 웹 서비스 작성을 통한 학습의 세 단계

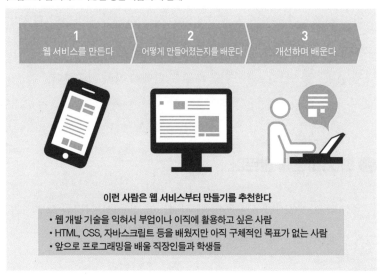

이러한 학습 단계에 따라 진행하면 웹 서비스를 만드는 경험이 쌓일 뿐만 아니라, 기본적인 지식도 복습할 수 있다. 챗GPT를 활용하여 만들고자 하는 웹 서비스의 작성 절차부터 개선 방법까지 하나씩 배워보도록 하자.

03

ToDo 관리 서비스를 만들어보자

이번에는 실전 연습으로 ToDo 관리 서비스를 만들어보자. 보통 ToDo 관리 서비스를 만들려면 ToDo 리스트를 저장하는 데이터베이스 등 다양한 기술과 환경 준비가 필요하다. 하지만 여기서는 그런 복잡한 환경 설정 없이 작성한 프로그램을 파일에 저장하고 움직일 수 있는 간단한 ToDo 관리 서비스를 작성해보겠다.

(그림 5-3) 학습 단계 1. 웹 서비스를 만든다

챗GPT를 활용하면 불과 다섯 단계 만에 ToDo 관리 서비스를 만들 수 있다. 함께 손을 움직이면서 작성해보자.

1. 챗GPT에 웹 서비스 작성을 요청한다

우선은 챗GPT에 웹 서비스 작성을 요청한다.

당신은 전문 IT 엔지니어다. 환경을 구축할 필요가 없는 간단한 ToDo 관리 웹 서비스를 작성해주길 바란다.

브라우저상에서 동작하는 간단한 ToDo 리스트 서비스를 HTML, CSS, 그리고 자바스크립트를 사용하여 작성하겠다. 환경 구축이 불필요하므로, 모든 코드를 하나의 HTML 파일*에 담겠다.

다음은 그 샘플 코드다:

```html
<!DOCTYPE html>
<html lang="ja">
```

---

* 일반적인 웹 서비스를 작성할 때는 파일을 나누거나 프레임워크에 의지하지만, 이 프로그램은 학습 취지에 맞추어 원리를 배울 수 있도록 간단한 구성을 택했다.

```
<head>
  <meta charset="UTF-8">
  <meta name="viewport" content="width=device-width, initial-
scale=1.0">
  <title>간단한 ToDo 리스트</title>
  <style>
    body {
      font-family: 'Arial', sans-serif;
margin: 40px;
    }
    #todoList {
      list-style-type: none;
      padding: 0;
    }
    #todoList li {
      margin: 10px 0;
      border: 1px solid #ccc;
      padding: 5px 10px;
      display: flex;
      justify-content: space-between;
    }
    button {
      background-color: red;
      color: white;
      border: none;
      cursor: pointer;
    }
```

```
  </style>
</head>
<body>

<h2>간단한 ToDo 리스트</h2>

<input id="newTodo" type="text" placeholder="새로운 ToDo를 입
력">
<button onclick="addTodo( )">추가</button>

<ul id="todoList"></ul>

<script>
  function addTodo( ) {
      const inputValue = document.getElementById('newTodo').
value;
    if (!inputValue) return;

    const li = document.createElement('li');

    const deleteButton = document.createElement('button');
    deleteButton.innerText = '삭제';
    deleteButton.onclick = function( ) {
      li.remove( );
    };

    li.innerText = inputValue;
```

```
      li.appendChild(deleteButton);
      document.getElementById('todoList').appendChild(li);

      document.getElementById('newTodo').value = ' '; // 입력란 비우기

}
</script>

</body>
</html>
```

이 HTML 파일을 브라우저에서 열면 간단한 ToDo 리스트 관리 앱을 이용할 수 있다. 새로운 ToDo를 추가하기 위한 입력란과 버튼이 있으며, ToDo를 추가하면 리스트 형식으로 표시되고, 각 ToDo에는 삭제 버튼이 달려 있다.

"환경을 구축할 필요가 없는 간단한 ToDo 관리 웹 서비스를 작성해주길 바란다."라고 요청하자 챗GPT가 프로그램을 출력했다.

다음으로 이것을 움직여보자.

▋ 2. 텍스트 편집기를 실행한다

윈도우라면 '메모장', 맥이라면 '텍스트 편집기'를 실행한다. 새 파일

이 작성되면 아무것도 적혀 있지 않은 화면이 표시된다.

메모장과 텍스트 편집기의 시작 화면

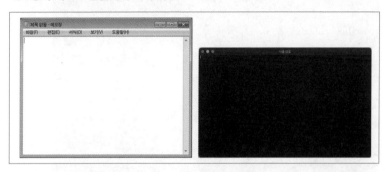

윈도우(왼쪽)와 맥(오른쪽)의 편집기 화면

※ 맥의 경우
텍스트 편집기의 설정을 변경해야 한다. 텍스트 편집기를 실행하여 왼쪽 위에 있는 텍스트 편집기 → '설정'을 눌러 다음과 같이 설정을 변경하자. 완료한 다음에 텍스트 편집기를 한 번 닫았다가 다시 실행한다.

① '새로운 문서'에서 '포맷' 항목의 버튼을 '일반 텍스트'로 선택한다
② '열기 및 저장하기'에서 '파일을 열 때' 항목의 'HTML 파일을 서식 있는 텍스트가 아닌 HTML 코드로 표시' 체크 박스를 활성화한다
③ '파일을 저장할 때' 항목의 '일반 텍스트 파일에 ".txt" 확장자 추가' 체크 박스를 비활성화한다

3. 챗GPT가 출력한 코드를 복사한다

챗GPT의 답변에서 코드가 출력된 영역을 둘러싼 바깥쪽 테두리의 오른쪽에 있는 'Copy code'를 클릭한다. 그러면 코드 전체가 복사된다.

```html
html                                    📋 Copy code

<!DOCTYPE html>
<html lang="ja">
<head>
    <meta charset="UTF-8">
    <meta name="viewport" content="width=device-width, initial-
scale=1.0">
    <title>간단한 ToDo 리스트</title>
    <style>
        body {
            font-family: 'Arial', sans-serif;
            margin: 40px;
        }
```

클릭하기

'Copy code'를 클릭하면 코드를 복사할 수 있다

4. 텍스트 파일에 코드를 붙여 넣고 저장한다

텍스트 편집기 화면으로 돌아가 우클릭 → '붙여넣기'로 복사한 코드
를 붙여넣는다. 붙여넣기를 완료하면 저장한다. 파일명은 'index.html',
저장 위치는 '바탕 화면', 인코딩('맥'에서는 일반 텍스트 파일 인코딩)은
'UTF-8'을 선택하자.

메모장 저장 화면

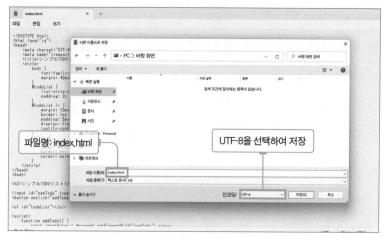

텍스트 편집기에 코드를 붙여 넣은 후 저장할 때의 화면

5. 작성한 HTML 파일을 더블 클릭한다

저장한 파일을 더블 클릭하면 웹 브라우저가 열린다. ToDo 관리 서
비스가 완성되었다.

간단한 ToDo 리스트

| 새로운 ToDo를 입력 | 추가 |

완성된 '간단한 ToDo 리스트'

불과 다섯 단계 만에 ToDo 관리 서비스를 만들 수 있었다. 챗GPT의 설명에 따르면 "새로운 ToDo를 추가하기 위한 입력란과 버튼이 있으며, ToDo를 추가하면 리스트 형식으로 표시되고, 각 ToDo에는 '삭제' 버튼이 달려 있다."라고 한다. 실제로 한번 해보자.

입력 양식에 텍스트를 입력하고 '추가' 버튼을 누르면 ToDo를 추가할 수 있다. 추가된 ToDo는 리스트 형식으로 표시된다.

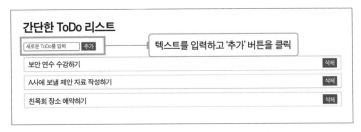

세 가지 ToDo를 추가한 상태

또한 ToDo의 오른쪽에 있는 '삭제' 버튼을 클릭하면 완료한 ToDo를 삭제할 수 있다.

새로운 ToDo를 추가하거나, 완료한 것을 '삭제' 버튼으로 지울 수 있다

이처럼 지시 하나로 너무나도 쉽게 웹 서비스를 만들 수 있어 놀랍지 않은가? 게다가 챗GPT의 훌륭한 점은 ToDo 관리 서비스뿐만 아니라 다양한 요청에 따른 웹 서비스를 동일한 단계에 따라 간단하게 작성할 수 있다는 것이다. 예를 들면, 요청에 따라 다음과 같은 것도 작성할 수 있다.

● 계산기
● 벽돌 깨기 같은 게임
● 간단한 EC 사이트

개인의 목적에 맞는 웹 서비스나 도전해보고 싶은 아이디어가 있는가? 챗GPT의 매력은 그 간편함에 있다. 호기심이 이끄는 대로 편히 시도해보자.

04

작성한 웹 서비스를 사용하며 배운다

(그림 5-4) 학습 단계 2. 어떻게 만들어졌는지를 배운다

1 웹 서비스를 만든다	**2** 어떻게 만들어졌는지를 배운다	**3** 개선하며 배운다

    이번 절에서부터는 작성한 웹 서비스를 사용하며 개발에서 특히 중요한 요소를 배운다. 이미 존재하는 웹 서비스 프로그램을 차분히 이해함으로써, 실용적인 지식을 익힐 수 있다. 작성한 웹 서비스를 조작하다 보면, '이 텍스트 상자는 어떻게 표시하는 걸까?' '추가 버튼 클릭했을 때 어떻게 ToDo가 저장되는 것일까?'와 같은 만든 방식이나 동작에 대

해 구체적인 궁금증이 생길 것이다. 이러한 궁금증을 갖고 배우면, 그 저 막연히 배울 때와는 달리 더 깊이 이해하거나 지식을 제 것으로 만드 는 데 큰 차이가 생긴다.

챗GPT에 생성한 프로그램에 대한 설명도 요청할 수 있다. 그 설명을 참고하면서 'ToDo 관리 서비스는 어떻게 만들어졌는가?'를 이해해본 다. 함께 손을 움직이며 도전해보자.

간단한 ToDo 리스트 서비스 프로그램에 대해 프로그래밍 초보자를 대상 으로 설명해주길 바란다.

물론이다. 프로그래밍과 컴퓨터 관련 지식이 적은 분들을 위해 간단하게 설명하겠다.

설명:

- **HTML:** 웹 페이지의 뼈대와 내용을 만들기 위한 언어다.
  - ○ **〈!DOCTYPE html〉:** 이것은 우리가 최신 웹 페이지 작성법을 사용 하고 있음을 알리는 신호다.
  - ○ **〈head〉...〈/head〉:** 이것은 웹 페이지 설정이나 디자인 설정이 들 어가는 부분이다.
  - ○ **〈body〉...〈/body〉:** 이것이 실제로 웹 페이지에서 볼 수 있는 부 분이다.

- **CSS**: 웹 페이지의 디자인이나 표현 방식을 바꾸기 위한 언어다.
  - **〈style〉...〈/style〉**: 이 안에 웹 페이지의 색상이나 모양, 크기와 같은 디자인 설정이 들어간다.
- **자바스크립트**: 웹 페이지에 움직임이나 기능을 추가하기 위한 언어다.
  - **〈script〉...〈/script〉**: 이 안에 버튼을 눌렀을 때의 움직임이나, 새로운 정보를 표시하는 프로그램이 작성되어 있다.
  - **addTodo 함수**: '추가' 버튼을 클릭하면 이 함수가 실행된다. 이 함수는 입력된 텍스트를 가져와 새로운 ToDo 아이템을 리스트에 추가한다.

구체적인 흐름:

- 사용자가 텍스트 상자에 ToDo 아이템을 입력한다.
- '추가' 버튼을 클릭하면 addTodo 함수가 호출된다.
- 이 함수는 입력된 텍스트를 가져와 새로운 리스트 아이템으로서 웹 페이지에 추가한다. 이때 각 ToDo 아이템에는 '삭제' 버튼도 추가된다.
- '삭제' 버튼을 클릭하면 해당 ToDo 아이템이 리스트에서 삭제된다.

생성된 프로그램에 대한 설명을 요청했다. 이 설명을 읽으면서 프로그램과 비교해보고 배우고 싶은 주제에 초점을 맞춰 파고들면 더 깊이 있게 이해할 수 있다. 이어서 몇 가지 주제를 파고든 예를 살펴보겠다.

▣ 사용한 언어와 그 역할을 배운다

챗GPT에 따르면 이 프로그램은 HTML, CSS, 자바스크립트라는 세 종류의 언어로 작성되었으며, 각각 다음과 같은 역할을 하고 이러한 구성으로 이루어져 있음을 설명했다.

(표 5-1) HTML, CSS, 자바스크립트의 역할과 구성

HTML 뼈대와 내용을 만든다	• 웹 페이지의 뼈대와 내용을 만들기 위한 언어 • 〈head〉...〈/head〉와 〈body〉...〈/body〉 안에 작성되어 있다
CSS 디자인을 바꾼다	• 웹 페이지의 디자인이나 표현 방식을 바꾸기 위한 언어 • 〈style〉...〈/style〉 안에 작성되어 있다
자바스크립트 움직임이나 기능을 추가한다	• 웹 페이지에 움직임이나 기능을 추가하기 위한 언어 • 〈script〉...〈/script〉 안에 작성되어 있다

이 설명을 읽고 나서 본문 201~204쪽의 프로그램을 다시 한번 살펴보자. 그러면 〈head〉, 〈style〉, 〈script〉라는 부분을 찾아볼 수 있다 (이들을 '태그'라고 한다). 〈style〉...〈/style〉 안에는 'font'나 'color'와 같은 단어가 있어 CSS는 웹 페이지의 표현 방식을 조정하는 역할을 하

는 언어임을 이해할 수 있다.

다음으로 〈script〉...〈/script〉 안을 한번 살펴보자. 여기에는 'addTodo'라는 단어가 있다. 'addTodo'에 대해 챗GPT가 아래와 같이 설명했다.

> **addTodo 함수:** '추가' 버튼을 클릭하면 이 함수가 실행된다. 이 함수는 입력된 텍스트를 가져와 새로운 ToDo 아이템을 리스트에 추가한다.

즉, 'addTodo'에는 '추가' 버튼을 클릭했을 때 어떤 동작을 하는지 쓰여 있다. 이를 통해 자바스크립트는 웹 페이지에 움직임을 더하거나 기능을 추가하는 언어임을 알 수 있다.

여기서 소개한 각 언어의 역할과 구조는 이러한 프로그래밍 언어를 배우는 사람들이 가장 먼저 배우는 내용이다. 다만, 단순히 교재 설명을 읽기만 할 때보다 실제로 자신이 작성한 것을 보면서 그 구조를 이해하면 앞서 배운 내용을 더욱 실감할 수 있다. 이것이 바로 '작성한 웹 서비스를 사용하며 배우기' 학습법의 큰 장점이다.

▣ 디자인 방법(CSS)을 배운다

　CSS는 색이나 모양, 크기 등 디자인을 설정하는 역할을 한다. 이 프로그램에서 CSS 부분에는 다음과 같은 코드가 들어 있다.

```html
<style>
/* 스타일 설정 부분. 표현 방식을 정돈하기 위한 CSS 코드입니다. */
body {
    font-family: 'Arial', sans-serif;
    margin: 40px;
}
#todoList {
    list-style-type: none;
    padding: 0;
}
#todoList li {
    margin: 10px 0;
    border: 1px solid #ccc;
    padding: 5px 10px;
    display: flex;
    justify-content: space-between;
}
button {
    background-color: red;
    color: white;
    border: none;
    cursor: pointer;
}
</style>
```

그럼 이 코드를 수정해서 디자인이 어떻게 변하는지를 체험해보자.

먼저, 본문 14쪽을 참조하여 'index.html'를 다운로드해서 텍스트 편집기로 연다(우클릭 → '연결 프로그램' → '메모장'을 선택). 그리고 button{} 안에 'border-radius: 5px;'라고 입력한다.

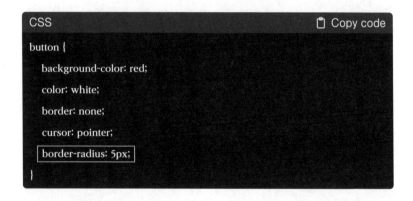

```css
CSS                                    📋 Copy code
button {
    background-color: red;
    color: white;
    border: none;
    cursor: pointer;
    border-radius: 5px;
}
```

수정 후 파일을 저장하고 index.html를 더블 클릭하여 웹 브라우저로 열어보자. 그러면 '추가' 버튼이 약간 둥그스름한 모양으로 바뀐 것을 알 수 있다.

간단한 ToDo 리스트

새로운 ToDo를 입력 　[추가]

객체를 둥글게 만든 결과

우리가 일상적으로 사용하는 웹 서비스 버튼도 이렇게 모서리가 약간 둥글어 부드러운 느낌을 주는 디자인이 많다. 웹 서비스의 디자인은 이처럼 CSS를 사용하여 세세히 조정하며 이루어진다.

이번에는 border-radius 옆에 있는 숫자를 '5px'에서 '10px'로 변경해보자. 파일을 저장하고 다시 한번 index.html을 열어본다.

그러면 버튼의 모서리가 더욱 둥글어져 타원형이 된 것을 확인할 수 있다. 5px(픽셀: 크기의 단위)에서 10px로 숫자를 키우자 모서리도 더 둥글어졌다.

간단한 ToDo 리스트

| 새로운 ToDo를 입력 | 추가 |

객체를 더욱 둥글게 만든 결과

이번 CSS 수정을 통해 다음과 같은 사실을 이해할 수 있었다.

● button…… '추가' 버튼 디자인에 영향을 주는 것

● border-radius…… 버튼 모서리를 둥글게 만드는 것

● 5px, 10px…… 모서리의 둥근 정도를 지정하는 것

이러한 요소를 '선택자(셀렉터)'나 '속성(프로퍼티)' '값'이라고 부른다.

(그림 5-5) CSS의 구성 요소

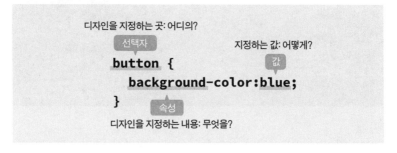

수정하면 각각 어떤 디자인 요소를 담당하고 있는지 알 수 있다. CSS에 대해 심도 있게 배울 때는 수정과 표시를 반복하면서 새로운 궁금한 점이 생기면 인터넷이나 책에서 찾아보는 것이 좋다. 더불어 챗GPT에 '이 선택자와 속성에는 어떤 의미가 있는지' 묻는 방법도 효과적이다.

프로그램을 고쳐 쓰기 겁나는 사람도 있을 수 있다. '잘못해서 작동하지 않으면 어떡하지?' '원래대로 돌아오지 않으면 어떡하지?' 그렇게 걱정할 수도 있다. 그러나 프로그래밍을 학습하는 데는 반드시 시행착오

를 거쳐야 한다. 만약 변경해서 원래대로 돌아오지 않아 다시 처음부터 만들더라도 불과 다섯 단계 만에 다시 만들 수 있다. 학습을 위해서라도 적극적으로 시도해보자.

▣ 움직임을 더하는 방법(자바스크립트)을 배운다

자바스크립트는 웹 페이지에 다양한 움직임과 기능을 추가하기 위해 사용된다. 자바스크립트에서는 'function'이라는 말로 시작하는 코드의 묶음을 '함수'라고 부른다. 이번 프로그램에는 'addTodo'라는 함수가 있는데, 이 함수는 '추가'라는 버튼을 클릭하면 작동한다. 구체적으로 말하자면, 입력된 텍스트를 사용해서 Todo로 추가하는 동작이다. 자바스크립트 부분의 코드는 다음과 같다.

```javascript
<script>
function addTodo( ) {
    // 입력된 ToDo 아이템의 값을 취득
    const inputValue = document.getElementById('newTodo').value;

    // 값이 없으면 아무것도 하지 않는다
    if (!inputValue) return;

    // 새로운 리스트 아이템(li 태그)을 작성
    const li = document.createElement('li');
```

```
// 삭제 버튼을 작성
const deleteButton = document.createElement('button');
deleteButton.innerText = '삭제';
deleteButton.onclick = function( ) {
    li.remove( );
};

// 리스트 아이템에 ToDo 아이템의 값 및 삭제 버튼을 추가
li.innerText = inputValue;
li.appendChild(deleteButton);
document.getElementById('todoList').appendChild(li);

// 입력란 비우기
document.getElementById('newTodo').value = ' ';
}
</script>
```

위와 같이 addTodo 함수는 다소 분량이 많은 코드여서 언뜻 보면 조금 복잡해 보일 수도 있다. 많은 사람이 이 함수가 대략 무엇을 하는지 이해하곤 그것으로 만족한다. 하지만 여기서 각 행이 무엇을 하는지 이해하면 응용할 수 있는 지식을 갖추게 된다. 그러면 혼자만의 힘으로 웹 서비스를 만들 수 있다. 따라서 챗GPT에 addTodo 함수의 내용을 한 행씩 설명해달라고 하자.

addTodo 함수의 내용을 한 행씩 자세히 설명해주길 바란다.

알겠다. addTodo 함수의 내용을 한 행씩 자세히 설명하겠다.

상세 설명:

1. const inputValue = document.getElementById('newTodo'). value;

- 여기서 document.getElementById('newTodo')는 HTML 내에서 id="newTodo"라고 되어 있는 요소(입력란)를 가져온다.
- .value에서 해당 입력란 내의 텍스트(사용자가 입력한 내용)를 가져온다.
- 가져온 값을 inputValue라는 상수에 저장한다.

2. if (!inputValue) return;

- 이 행은 inputValue가 비어 있을(즉 아무것도 입력되지 않았을) 경우 함수 실행을 중단시킨다. !는 '부정'을 의미하므로 !inputValue는 'inputValue가 비어 있거나 존재하지 않는' 경우 **true**가 된다.

3. const li = document.createElement('li');

- 새로운 〈li〉 태그(리스트 아이템)를 작성한다.
- 작성한 요소를 li라는 상수에 저장한다.

4. const deleteButton = document.createElement('button');

- 새로운 〈button〉 태그(버튼)를 작성한다.
- 작성한 버튼 요소를 deleteButton이라는 상수에 저장한다.

5. deleteButton.innerText = '삭제';

- 앞 행에서 작성한 deleteButton 버튼에 표시되는 텍스트를 '삭제'라고 한다.

6. deleteButton.onclick = function( ) { li.remove( ); };

- 이 버튼이 클릭되었을 때 실행할 함수를 정의한다. 이 함수는 버튼이 속한 〈li〉 태그(ToDo 아이템)를 삭제하는 동작을 한다.

7. li.innerText = inputValue;

- 작성한 li 요소의 텍스트를 사용자가 입력한 텍스트(inputValue)로 설정한다.

8. li.appendChild(deleteButton);

- li 요소 안에 deleteButton 버튼을 추가한다.

9. document.getElementById('todoList').appendChild(li);

- 작성한 li 요소(ToDo 아이템과 삭제 버튼 포함)를 id="todoList"의 〈ul〉 태그 안에 추가한다.

10. document.getElementById('newTodo').value = '';

- 사용자가 입력한 내용을 리셋하여 입력란을 비운다.

챗GPT가 프로그램을 한 행씩 설명해주었다. 만약 이 설명을 읽고 이
해하기 어려운 부분이 있다면, 혼자만의 힘으로 프로그램을 만들 수 있
는 '할 수 있는' 상태가 아닐 가능성이 크다. 그러할 때는 납득할 수 있을
때까지 챗GPT를 의지하여 학습하도록 한다.

이어서 한 행의 의미를 이해함으로써 기초 지식을 완전히 내 것을 만
드는 예를 살펴보자.

▣ 객체, 메서드, 속성에 대해 배운다

보다 구체적으로 배우기 위해 챗GPT가 답변한 첫 번째 줄의 설
명을 읽어보면, 텍스트 입력란에 입력한 데이터를 가져오기 위해
'document.getElementById('newTodo').value'라고 작성했음을 알 수
있다. 이것은 무엇을 의미할까? 챗GPT에 질문해보니 다음과 같은 답변
이 돌아왔다.

프로그램에 나오는 document.getElementById('newTodo').value에 대해
초보자도 이해할 수 있도록 설명해주길 바란다.

물론이다. 이해하기 쉽게 설명하겠다.

document. getElementById('newTodo'). value라는 코드는 웹 페이지 내 특정 부분의 값을 가져오기 위해 사용된다. 여기서 각 부분이 무엇을 의미하는지를 간단히 살펴보자.

- document는 현재 웹 페이지 전체를 나타내는 객체다.
- .getElementById는 document 객체가 제공하는 메서드(어떤 작업을 수행하기 위한 코드의 묶음) 중 하나로, 특정 ID를 가진 요소를 검색하기 위해 사용된다.
- 'new Todo'는 이 메서드에 전달되는 문자열로, 찾는 HTML 요소의 ID 다.
- value는 찾은 HTML 요소의 현재 값을 가져오기 위한 속성이다.

(이하 생략)

설명에 따르면 이 1행을 부분별로 분류할 수 있고, 제각기 맡은 역할이 있다고 한다.

처음에 오는 document는 웹 페이지(HTML 문서) 전체를 나타내는 '객체'라고 불리는 것으로, 컴퓨터 분야에서 '사물'을 나타내는 말이다.

그다음에 'getElementById'라는 부분이 있다. 이는 '메서드'라고 불리는 것으로, 객체에 명령을 부여하는 역할을 한다. getElementById라는 메서드는 '웹 페이지 내 특정한 요소를 찾아달라.'는 명령이다. 정보를 가져와준다.

이 메서드 안에 있는 'newTodo'는 '인수'라고 불린다. 이를 통해 메서드에 어떤 요소를 찾아야 하는지 지정한다. 즉, 'getElementById('newTodo')'란, '웹 페이지 안에서 'newTodo'라는 이름(id)의 요소를 찾는다.'라는 명령이다. 다시 한번 프로그램을 전체적으로 보면 'newTodo'는 다음 부분에서 나온다.

```html
<input id="newTodo" type="text" placeholder="새로운 ToDo를 입력">
```

<input> 태그는 웹 페이지에 텍스트 입력란을 작성하기 위한 것이다. 즉 여기서는 HTML 태그에 id로서 newTodo를 부여하고 있음을 알 수 있다.

상자로 표시한 부분이 <input> 태그가 나타내는 것

마지막에 오는 '.value'는 '속성'이라고 불리며, 객체의 특성이나 정보를 가져올 때 사용한다. 여기서는 id='newTodo'의 텍스트 입력란에 입력된 내용(값)을 가져온다.

정리하자면 다음과 같다.

- 'newTodo'라는 이름(ID)의 요소를 'document'라는 객체 안에서 찾기 위해 'getElementById'라는 메서드를 사용한다
- 찾아낸 요소의 입력 내용을 'value'라는 속성으로 가져온다

객체, 메서드, 속성이라는 개념은 굉장히 중요하며, 자바스크립트는 이러한 요소들로 구성되어 있다.

(그림 5-6) 객체, 메서드, 속성의 관계성

프로그래밍을 학습하다 보면 '주문'이라는 표현을 자주 듣게 된다. 이는 '완전히 이해하지 못하더라도 일단 이렇게 작성해두면 기능을 한다.'라는 뜻이다. 이러한 접근법은 학습을 진행하는 데는 효과적이지만, 길게 봤을 때는 '주문'에 너무 의존하면 근본적인 이해가 부족해진다. 그래서 여기서는 단순한 '주문'으로 외우지 않고 실제로 무엇을 하는지를 이해하고자 했다.

이처럼 코드를 한 행씩 이해하는 것은 '할 수 있는' 상태에 이르기 위한 열쇠다. 앞으로 자바스크립트를 학습할 때 객체, 메서드, 속성의 종

류와 역할 분담을 의식하면서 코드를 읽거나 작성할 수 있게 될 것이다.

▣ DOM 조작에 대해 배운다

각 행의 코드를 이해하는 또 다른 예로, 자바스크립트의 중요한 역할인 '동적인 변경'에 대해 더 깊이 있게 알아보자. 챗GPT는 자바스크립트를 '웹 페이지에 움직임이나 기능을 추가하는 언어'라고 설명했다. 구체적으로는 사용자가 무언가 행동(가령 버튼을 클릭한다)을 일으킬 때마다 자바스크립트가 HTML을 업데이트한다. 이처럼 사용자의 조작에 따라 프로그램이 바뀌는 것을 동적인 변경이라고 한다.

처음 배우는 사람에게는 프로그램이 사용자의 행동에 반응하여 업데이트된다는 말이 조금 어렵게 느껴질 수도 있다. 그러면 챗GPT를 사용해서 실제로 이 '동적인 변경'을 눈으로 보고 이해하도록 하자.

이 프로그램의 동적인 변경에 대해 이해할 수 있도록 설명해주길 바란다. HTML 프로그램이 어떻게 변해가는지 출력해주길 바란다.

이 HTML 프로그램은 사용자의 행동('새로운 ToDo를 입력' 필드에 텍스트를 입력하고 '추가' 버튼을 클릭한다)에 따라 동적으로 변화한다. 그 움직임을 단계별로 설명하겠다.

1단계: 초기 상태

사용자가 페이지를 로딩한 직후의 상태다.

```html
<!DOCTYPE html>
<html lang="ja">
<head>
    <!-- 생략: 메타 데이터, 스타일 -->
</head>
<body>

<h2>ToDo 리스트</h2>

<input id="newTodo" type="text" placeholder="새로운 ToDo를 입력">
<button onclick="addTodo( )">추가</button>

<ul id="todoList">
    <!-- 초기 상태에서는 이 리스트가 비어 있습니다. -->
</ul>

<!-- 생략: 자바스크립트 함수 -->

</body>
</html>
```

2단계: 아이템 '우유 사기'를 추가한 후

사용자가 '우유 사기'를 입력하고 '추가' 버튼을 클릭한 후의 상태다.

```html
html                                            Copy code

<!-- 생략 : DOCTYPE, head 태그, body 시작 -->


<h2>ToDo 리스트</h2>


<input id="newTodo" type="text" placeholder="새로운 ToDo를 입
력">
<button onclick="addTodo( )">추가</button>


<ul id="todoList">
  <!-- 여기에 새로운 아이템이 추가됩니다 -->
  <li>
    우유 사기
    <button onclick="this.parentNode.remove( )">삭제</button>
  </li>
</ul>


<!-- 생략: 자바스크립트 함수 -->


<!-- 생략: body 종료, html 종료 -->
```

3단계: 다른 아이템 '빵 사기'를 추가한 후

다음으로 '빵 사기'를 입력하고 '추가' 버튼을 클릭한 후의 상태다.

```html
<!-- 생략: DOCTYPE, head 태그, body 시작 -->


<h2>ToDo 리스트</h2>


<input id="newTodo" type="text" placeholder="새로운 ToDo를 입
력">
<button onclick="addTodo( )">추가</button>


<ul id="todoList">
  <li>
    우유 사기
    <button onclick="this.parentNode.remove( )">삭제</button>
  </li>
  <!-- 새로운 아이템이 여기에 추가됩니다 -->
  <li>
    빵 사기
    <button onclick="this.parentNode.remove( )">삭제</button>
  </li>
</ul>


<!-- 생략: 자바스크립트 함수 -->


<!-- 생략: body 종료, html 종료 -->
```

4단계: 아이템을 삭제한 후

사용자가 어느 '삭제' 버튼을 클릭했을 때 해당 아이템은 리스트에서 삭제된다. 예를 들어 '우유 사기'의 삭제 버튼을 클릭한 후의 상태다.

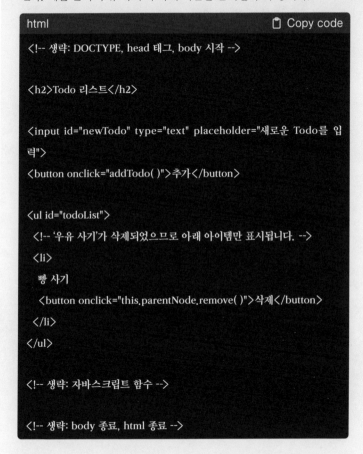

```html
<!-- 생략: DOCTYPE, head 태그, body 시작 -->

<h2>Todo 리스트</h2>

<input id="newTodo" type="text" placeholder="새로운 Todo를 입력">
<button onclick="addTodo( )">추가</button>

<ul id="todoList">
  <!-- '우유 사기'가 삭제되었으므로 아래 아이템만 표시됩니다. -->
  <li>
    빵 사기
    <button onclick="this.parentNode.remove( )">삭제</button>
  </li>
</ul>

<!-- 생략: 자바스크립트 함수 -->

<!-- 생략: body 종료, html 종료 -->
```

이러한 변화를 실제 HTML 파일 내에서 직접 볼 수는 없지만, 웹 브라우저 개발자 도구를 사용하면 DOM(Document Object Model) 내에서 이러한 변화를 실시간으로 볼 수 있다.

자바스크립트를 사용한 프로그램의 변화를 단계별로 따라가보자. 소스 코드 출력과 설명을 통해 프로그램이 어떻게 변화하는지 살펴본다. '1단계: 초기 상태'와 '2단계: 아이템 "우유 사기"를 추가한 후'를 비교해 보면 프로그램의 변화를 알 수 있다.

- 1단계: 초기 상태

```
<ul id="todoList">
  <!-- 초기 상태에서는 이 리스트가 비어 있다. -->
</ul>
```

- 2단계: 아이템 '우유 사기'를 추가한 후

```
<ul id="todoList">
  <!-- 여기에 새로운 아이템이 추가된다 -->
  <li>
    우유 사기
    <button onclick="this.parentNode.remove( )">삭제</button>
  </li>
</ul>
```

〈ul〉은 리스트를 작성하는 태그로, 〈li〉는 그 리스트에 1행이 추가될 때 사용된다. 2단계에서 사용자가 '우유 사기'라는 ToDo를 추가했기 때문에 리스트에도 새로운 〈li〉 요소가 추가되었다.

간단한 ToDo 리스트

새로운 ToDo를 입력	추가

우유 사기	삭제

2단계일 때의 화면 상태

이 1행은 어떻게 만들어진 것일까? 다시 한번 addTodo 함수에 대한 설명을 살펴보자.

3. const li = document.createElement('li');

- 새로운 〈li〉 태그(리스트 아이템)를 작성한다.
- 작성한 요소를 li라는 상수에 저장한다.

7. li.innerText = inputValue;

- 작성한 li 요소의 텍스트를 사용자가 입력한 텍스트(inputValue)로 설정한다.

3에서는 'document.createElement('li')'라고 기재되어 있어 리스트에 1행을 추가하였음을 알 수 있다. 이는 자바스크립트를 사용하여 HTML의 〈li〉 요소를 새로 작성하는 명령이다.

또 7에서는 li.innerText라는 속성에 inputValue를 설정했다. 이는 입력된 ToDo를 새로 작성된 리스트의 텍스트로서 설정했음을 나타낸다.

li.innerText는 자바스크립트로 작성된 HTML 요소의 텍스트 내용을 추가하거나 가져오는 데 사용된다. 참고로 li.innerText의 의미를 챗GPT에 물어보니 다음과 같은 답변이 돌아왔다.

li.innerText라는 코드는 자바스크립트로 작성된 HTML 요소(이 경우에는 〈li〉 요소, 즉 리스트 아이템)에 텍스트를 추가하기 위해 사용된다.

여기서 li는 document.createElement('li')를 통해 만들어진 새로운 리스트 아이템을 나타낸다. innerText 속성을 사용함으로써 그 〈li〉 요소에 표시되는 텍스트를 설정 또는 취득할 수 있다.

지금까지 살펴본 '동적인 변경'은 구체적으로 말하자면, 'DOM 조작'이라는 과정에 의해서 이루어진다. DOM이란 'Document Object Model(문서 객체 모델)'의 약칭으로 HTML 문서를 구조적으로 표현한 것이다. 이를 통해 웹 페이지상의 모든 요소(텍스트, 이미지, 링크 등)가 트리 구조로 관리된다.

자바스크립트는 이 DOM을 조작하여 사용자의 조작을 토대로 웹 페이지의 요소를 변경한다. 이 구조를 통해 웹 페이지가 사용자의 행동에 따라 실시간으로 반응하고 내용이 업데이트된다.

(그림 5-7) DOM 조작의 이미지

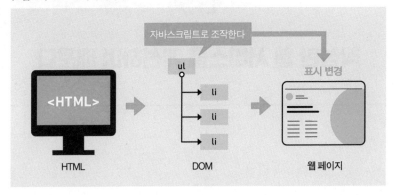

자바스크립트로 조작한다

ul
li
li
li

표시 변경

HTML   DOM   웹 페이지

이 DOM 조작과 같이 뒤에서 어떻게 동작하는지 이해하는 것을 '원리를 파악한다.'라고 표현한다. 이런 것까지 하나하나 이해하는 게 때로는 조금 돌아가는 것처럼 느껴질 수 있지만, 더욱 고도의 작업을 할 수 있게 되기 위한 지름길이다. 시간이 걸리는 부분은 챗GPT라는 지름길을 이용해서 효율적으로 원리를 파악하면 된다.

05

작성한 웹 서비스를 개선하며 배운다

(그림 5-8) 학습 단계 3. 개선하며 배운다

이번에 작성한 웹 서비스는 기본적인 ToDo 관리 서비스인데, 작성한 후에 표현 방식을 정돈하거나, 사용 편의성이 좋아지도록 더 개선하고 싶어지는 법이다. 웹 서비스를 개선하는 과정도 효과적인 학습 방법이다.

개발 현장에서는 프로그램을 새로 작성하기보다 기존 프로그램을 수

정하여 개선하는 경우가 더 많다. 이처럼 실제 프로그래밍과 같은 상황에서 '어떻게 작성하면 좋을까?'라는 문제에 도전하면 실전 기술을 배울 기회로 이어진다.

물론 ToDo 관리 서비스를 만들었을 때와 마찬가지로, 개선에 필요한 프로그래밍도 챗GPT에 작성을 요청하여 일단은 그것을 만드는 데서부터 시작한다. 그런 다음에 그 내용을 이해하면서 배우면 된다. 여기서는 몇 가지 개선 예시를 소개하겠다. 이것 말고도 자기만의 아이디어를 꼭 시도해보기 바란다.

▣ 디자인을 개선한다

웹 서비스에서 표현 방식을 포함한 디자인은 중요한 요소다. 웹 페이지의 디자인이나 표현 방식을 바꾸는 것이 CSS 언어의 역할이라고 배웠다. 작성한 ToDo 관리 서비스는 단순하기에 디자인 면에서는 조금 부족하게 느껴질 수 있다. 평소에 이용하는 웹 서비스처럼 멋진 디자인으로 개선해보자. 일단 다음과 같이 요청하여 '03'(본문 200쪽)에서 했던 방법대로 프로그램을 작성하여 브라우저에서 열어보자.

> 이전에 작성해준 ToDo 리스트의 디자인을 Bootstrap을 사용하여 더 예쁘게 다듬어주길 바란다.

이렇게 질문하면 다음과 같은 디자인으로 만들 수 있다.

'Bootstrap'을 사용한 Todo 관리 서비스

이전에 작성해준 ToDo 리스트의 디자인을 UIkit을 사용하여 더 예쁘게 다듬어주기 바란다.

질문하면 다음과 같은 디자인으로 만들 수 있다.

'UIkit'을 사용한 Todo 관리 서비스

여기서 사용한 'Bootstrap(부트스트랩)'이나 'UIkit(유아이키트)'에 대해 간단히 설명하겠다. 이들은 'CSS 프레임워크'로 불리는 도구로, 웹 페이지의 디자인을 간단하게 정돈하기 위한 CSS의 구성 요소 세트다.

CSS 프레임워크는 요리에서 말하는 '밀키트'와도 같다. 밀키트는 레시피에 필요한 음식 재료가 손질되어 세트로 묶여 있어서 직접 분량을 재거나 자르는 번거로움을 줄일 수 있다. 웹 페이지를 디자인할 때 일반적인 CSS를 사용하면, 예를 들어 입력란의 표현 방식을 정돈하려면 '여백은 어느 정도인가?' '글자 크기는 어느 정도인가?' '테두리의 색은 무슨 색인가?'와 같은 수많은 세세한 설정을 하나씩 정해야 한다. 그러나 Bootstrap이나 UIkit 같은 CSS 프레임워크를 사용하면 이러한 설정이 미리 '초기 설정'으로 준비되어 있다. 그 결과, 간편하게, 그리고 빠르게 아름다운 디자인을 실현할 수 있다. 그러면 디자인 작업이 훨씬 편해진다.

출력된 프로그램을 살펴보면 CSS 프레임워크를 사용하기 전과 후에 따라 달라졌음을 알 수 있다. 여기서는 그에 대한 설명은 생략하겠지만, '04'(본문 206쪽)에서 했던 방법으로 챗GPT에 프로그램에 대한 설명을 요청하여 CSS 프레임워크의 사용법을 이해하고 응용할 수 있도록 하는 것이 바람직하다.

▣ 기능을 추가한다

기능 면에서도 더 개선하고 싶은 부분이 나올 것이다. ToDo 관리 서비스에는 어떤 기능이 있으면 좋을까?

- 기한을 설정할 수 있다
- 담당자를 설정할 수 있다
- 우선순위를 설정할 수 있다
- 기한이 지난 ToDo에 알림을 울린다

이러한 아이디어가 떠올랐다면 프로그래밍으로 어떻게 실현할 것인가를 배운다. 그러면 실전에서 쓸 수 있을 정도로 기술이 향상된다. 다음과 같이 기능 추가에 관한 아이디어를 챗GPT에 요청해보자.

> Bootstrap의 디자인을 적용한 ToDo 관리 서비스 프로그램에 기한을 설정하는 기능을 추가해주길 바란다.

이렇게 질문하면 다음과 같은 ToDo 리스트를 만들 수 있다.

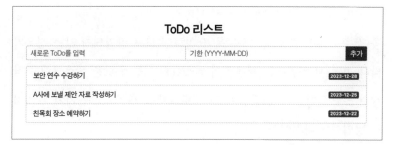

ToDo 리스트

새로운 ToDo를 입력	기한 (YYYY-MM-DD)	추가
보안 연수 수강하기		2023-12-28
A사에 보낼 제안 자료 작성하기		2023-12-25
친목회 장소 예약하기		2023-12-22

기한 설정 기능을 갖춘 Todo 관리 서비스

Bootstrap의 디자인을 적용한 ToDo 관리 서비스 프로그램에 정렬 기능을 추가해주길 바란다.

이렇게 질문하면 다음과 같은 ToDo 리스트를 만들 수 있다.

ToDo 리스트

새로운 ToDo를 입력	추가
A사에 보낼 제안 자료 작성하기	
보안 연수 수강하기	
친목회 장소 예약하기	

드래그 앤 드롭을 이용한 정렬 기능을 갖춘 Todo 관리 서비스

이러한 기능을 프로그램에 추가하면서 그 방법과 기술을 배우면, 실제로 웹 서비스를 만들 때 사용할 수 있는 기술도 익히는 셈이다.

다만, 실제로 챗GPT와 함께 웹 서비스를 만들 때 처음부터 많은 기능을 갖춘 프로그램을 작성하도록 요청하면 모두 반영되지 않는 경우가 많다. 따라서 처음에는 뼈대로서 최소한의 기능을 갖춘 프로그램을 작성하도록 요청한다. 그다음에 그 프로그램을 개선하도록 차차 요청하는 방법이 효과적이다.

Chapter 6

실전 가이드:
엑셀 업무 효율화

01

프로그래밍으로 엑셀 업무를 편하게 만든다

많은 사람이 프로그래밍을 학습하는 목적 중 하나가 일상 업무의 효율화다. 예를 들면 평소 반복적인 작업을 자동화하거나, 종이로 하던 작업을 PC상에서 끝내는 등 업무를 효율화하여 새로운 일을 해보는 시간을 벌 수 있다면 프로그래밍을 배울 가치가 있다.

🔲 엑셀 자동화로 실전적인 기술을 익힌다

이번 장에서는 엑셀 업무의 자동화에 초점을 맞추고자 한다. 의외로 많은 사람이 일상적으로 단순한 엑셀 작업을 반복하고 있다. 챗GPT에 질문하면서 엑셀의 함수나 매크로 같은 기능을 구사하여 엑셀 업무의 효율화 및 자동화하는 방법을 함께 배워보자.

이번 장에서는 두 단계를 마련했다.

① 사전 지식~VBA 기초

먼저, 실전으로 하나의 엑셀 파일(통합 문서)에서 자동화를 해본다. 함수를 이용한 자동 계산 및 자동 입력부터 매크로 작성, 실행 방법까지 사전 지식을 소개한 다음에 챗GPT로 간단한 VBA 프로그램을 작성한다.

② VBA 응용

다음으로 더욱 실용성을 높이기 위해 여러 통합 문서를 아우르는 작업의 자동화에 도전한다. 작성한 VBA 프로그램을 읽고 이해함으로써 혼자서 프로그래밍할 때도 사용할 수 있는 기술을 익힐 수 있다.

(그림 6-1) 엑셀 업무 효율화를 통한 학습의 두 단계

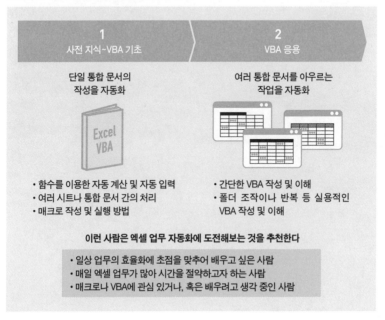

챗GPT는 엑셀에 관한 지식도 풍부하다. 잘 활용하면 엑셀을 사용하는 일상 업무에서도 든든한 도우미가 되어줄 것이다. 이제 일상 업무를 효율화하는 데 바로 활용할 수 있는 기술을 배워보도록 하자.

02

실전 예시 1 청구서 작성을 효율화하자

우선 엑셀 업무를 효율화하는 기본적인 방법에 대해 배운다. 함수나 매크로의 작성 방법을 알기 쉽게 설명한다. 프로그래밍을 활용하기 위한 사전 지식을 알아두자.

(그림 6-2) 학습 단계 1. 사전 지식~VBA 기초

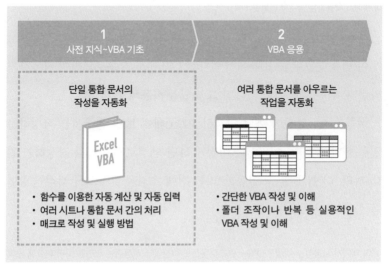

여기서는 엑셀 업무의 일례로 청구서 작성을 효율화하는 방법을 배워보겠다. 다음 페이지와 같이 엑셀*에서 작성한 템플릿을 사용하여 청구서를 작성했다.

이 책에서 사용하는 청구서 템플릿

이 템플릿은 본문 10쪽에서 안내한 URL에서 다운로드하여 활용하기 바란다. 다른 템플릿이 있다면 그 파일을 사용해도 괜찮다.

예를 들어, 당신이 매달 고객사 100군데에 보낼 청구서를 작성하는 일을 한다고 하자. 여기서는 어떻게 하면 '엑셀로 청구서를 작성하는 걸 더 빨리, 더 쉽게 할 수 있을까?'라는 점에 초점을 맞추고 구체적인 방법을 함께 배워보겠다.

* 이 책에서 사용하는 엑셀은 Office 365 다운로드 버전이다. 사용하는 버전에 따라 다르게 동작할 수 있다.

■ 효율화의 기초인 함수를 배운다

우선 프로그래밍으로 엑셀 업무를 효율화하는 사전 지식으로 함수에 대해 배워보자. 엑셀 함수를 사용하는 것도 간단한 프로그래밍이며, 잘 다룰 줄 알면 수작업을 크게 줄일 수 있다.

1. 챗GPT에 도움이 될 만한 함수에 관해 질문한다

엑셀 자료를 작성하다가 '여기서 이 함수를 사용해야겠다.' 하고 아이디어를 떠올리려면 머릿속에 함수에 대한 지식이 있어야 한다. 반대로 말하면, '아이디어 소재'가 없으면, 항상 같은 함수만 계속 사용하게 된다.

하지만 챗GPT를 이용하면 새로운 아이디어를 얻을 수 있다. 예를 들어, 챗GPT에 청구서 작성에 도움이 될 만한 함수에 관해 물어보도록 하자.

엑셀로 청구서를 작성하고 있다.
작성을 효율화할 수 있는 함수를 표로 만들어주길 바란다.

엑셀에서 청구서 작성을 효율화할 수 있는 함수를 청구서에서 구체적으로 사용한 예와 함께 표로 나타냈다.

함수명	사용 예(청구서에서 이용하는 시나리오)	설명
SUM	상품의 소계를 계산할 때 사용 예: =SUM(B2:B10)	지정한 범위에 있는 숫자의 합계를 계산한다.
VLOOKUP	상품 코드로 가격을 검색할 때 사용 예: =VLOOKUP(A2, 상품 리스트, 2, FALSE)	하나의 테이블에서 관련된 데이터를 검색한다.
IF	수량에 따른 할인 적용 시 사용 예: =IF(B2>10, B2*가격*0.9, B2*가격)	조건에 따라 다르게 계산한다.
DATE	청구서 날짜를 입력할 때 사용 예: =DATE(2023, 12, 31)	특정 날짜를 생성한다.
TEXT	금액을 통화 형식으로 표시할 때 사용 예: =TEXT (C2, "$#,##0.00")	숫자를 특정한 형식의 텍스트로 변환한다.
CONCATENATE	고객의 이름과 주소를 합칠 때 사용 예: =CONCATENATE(E2, ", ", F2)	여러 텍스트를 하나로 합친다.

(이하 생략)

이처럼 함수와 함께 작성 중인 자료에서 사용할 수 있는 예를 답변해 준다. 이를 통해 아직 사용해본 적 없는 함수를 사용하는 계기가 생기며 '사용하면서 배우기'를 할 수 있다. 챗GPT가 답변한 활용 아이디어를 바탕으로 기존 청구서를 개선한다.

2. 소계 자동 계산(SUM)

챗GPT의 조언대로 각 행의 합계 금액인 '소계' 계산에 SUM 함수를
사용할 수 있다.

(그림 6-3) SUM 함수를 청구서에 적용한 예

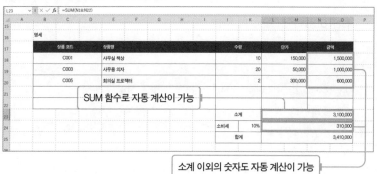

그 밖에도 각 행의 금액이나 합계를 자동 계산으로 표시할 수 있어,
수동 입력을 최소한으로 줄인 자동 계산 청구서를 만들 수 있다. 자동
계산의 장점은 시간을 절약할 수 있을 뿐만 아니라 입력 실수나 계산 실
수를 방지할 수 있다는 점이다. 한번 바르게 설정하면 그 후에는 실수
가 일어나기 어렵다는 점도 프로그래밍의 큰 장점이다.

3. 상품 가격 검색 및 자동 입력(VLOOKUP)

 이어서 VLOOKUP 함수를 사용한다. 상품 정보 테이블에서 상품 코드를 사용하여 상품명이나 단가를 자동으로 검색하고 가져올 수 있다. VLOOKUP 함수는 인수 설정이 복잡해서 엑셀 함수를 배우는 사람에게 첫 번째 장벽이 되는 경우가 많다. 어렵게 느껴지면 더 자세히 질문하여 더 잘 이해할 수 있도록 한다.

VLOOKUP 함수의 인수에 대해 구체적인 예를 사용하여 알기 쉽게 설명해주길 바란다.

물론이다. 엑셀의 VLOOKUP 함수를 사용한 구체적인 예를 사용하여 인수 사용법을 설명하겠다.

VLOOKUP 함수의 기본 구조
=VLOOKUP(검색할 값, 참조할 테이블(범위), 가져올 열 번호, 근사 일치/완전 일치)

구체적인 예
예를 들어, 상품 코드에 따라 그 상품의 가격을 검색하는 시나리오를 생각해보자. 아래와 같은 테이블이 있다고 하자.

상품 코드	상품명	가격
1001	펜	1,000원
1002	노트	2,000원
1003	달력	3,000원

여기서 상품 코드 1002의 가격을 검색하기 위해 VLOOKUP 함수를 사용한다.

1. 검색값

상품 코드 1002이다. 이 값을 검색한다.

2. 참조할 테이블(범위)

상품 코드, 상품명, 가격을 포함하는 범위다. 이 예에서는 A열에서 C열에 테이블이 있다고 가정하자. 따라서 참조할 테이블은 A2:C4가 된다.

(중략)

VLOOKUP 함수의 식

이상을 바탕으로 VLOOKUP 함수는 다음과 같이 된다.

=VLOOKUP(1002, A2:C4, 3, FALSE)

이 식은 A2에서 C4의 범위에서 상품 코드 1002를 검색하여 일치하는 행의 세 번째 열(가격)의 데이터를 반환한다. 이 경우 결과는 2,000원이 된다.

챗GPT에서 얻은 정보대로 상품 정보 테이블을 작성하고, 상품명, 단

가 셀에 적절한 인수를 설정한 VLOOKUP 함수를 입력하면 이 항목이
자동으로 입력된다.

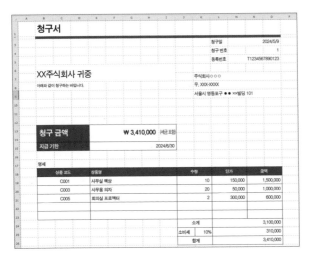

상품 마스터 시트를 작성한 예

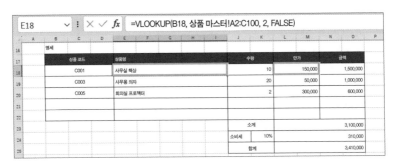

상품 코드를 입력하면 VLOOKUP 함수에 의해 상품 마스터 시트에서 상품명과 단가를 검색할 수 있다

4. 날짜나 기한의 자동 설정(TODAY, EOMONTH)

날짜 항목도 자동 입력 대상으로 삼기 쉬운 항목이다. 청구일이 작성한 당일이라면 TODAY 함수를 사용하여 나타낼 수 있다.

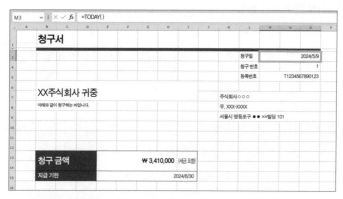

TODAY 함수에 의해 청구일이 자동으로 표시되었다

그 밖에 날짜가 들어가는 항목으로 지급 기한이 있다. 일반적으로 청구일의 다음 달 말일 등으로 설정되는 이 항목도 자동 입력 설정을 할 수 있지 않을까. 챗GPT에 물어보자.

> 청구서의 지급 기한을 자동 설정으로 만들고 싶다. 지급 기한은 청구일의 다음 달 말일이니, 쓸 만한 함수를 알려주길 바란다.

청구일의 다음 달 말일을 지급 기한으로 자동 설정하는 경우 엑셀에서 사용할 수 있는 최적의 함수는 'EOMONTH'이다. 이 함수는 지정된 날짜로부터 몇 개월 후(또는 전)의 월의 말일을 반환한다.

EOMONTH 함수 사용 방법

구문: =EOMONTH(시작일, 개월 수)

예: =EOMONTH(A2, 1) - 이것은 셀 A2에 입력된 날짜의 다음 달 말일 날짜를 계산한다.

지급 기한을 자동으로 설정한 예

예를 들어 청구서 발행일이 2023년 1월 15일인 경우 다음 달 말일을 지급 기한으로 하려면 =EOMONTH("2023-01-15", 1)이라고 입력해야 한다. 이에 따라 2023년 2월 28일(또는 윤년일 경우 2월 29일)이 자동으로 계산된다.

(이하 생략)

EOMONTH 함수에 의해 지급 기한이 자동으로 표시되었다

이처럼 챗GPT에 무엇을 하고 싶은지 전달하면 그에 따라 적절한 함수를 알려준다. 아이디어가 떠오르지 않을 때나 엑셀로 어떻게 실현하면 좋을지 모를 때는 챗GPT에 물어보면 된다. 알려준 함수를 사용하면서 '아이디어 소재'가 늘어나고 지금보다 더욱 함수를 능숙하게 다루며 엑셀 업무를 효율화할 수 있다.

▣ 매크로로 인쇄 작업을 자동화한다

입력의 효율화를 실현했으므로, 다음은 자동화에 도전하자. 예를 들면, 작성한 청구서를 PDF 형식으로 만들어 거래처에 메일로 발송하거나 인쇄하여 우편으로 보내는 작업이 있다. 이러한 인쇄 작업도 자동화할 수 있다. 엑셀에서 복잡한 조작을 자동화할 때는 일반적으로 '매크로'를 사용한다. 매크로란, 여러 단계의 조작을 기억해서 자동화하는 기능이다.

엑셀의 매크로와 관련된 용어로 'VBA(Visual Basic for Applications)'가 있다. VBA는 엑셀을 포함한 마이크로소프트 오피스(MS Office) 제품을 조작하는 프로그래밍 언어다. 종종 매크로와 VBA를 혼동하는데, 매크로는 자동화라는 목적(기능)이며, VBA는 그 목적을 실현하는 수단이라고 할 수 있다.

(그림 6-4) 매크로와 VBA의 차이

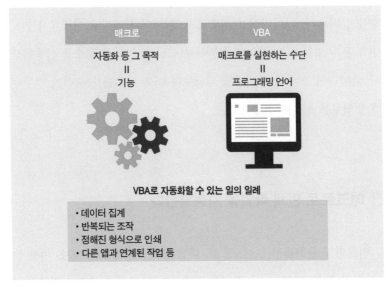

챗GPT에 VBA를 통한 인쇄를 요청한다

인쇄 처리를 자동화하는 경우, 다음과 같은 일련의 조작을 매크로로
실행한다.

● '파일' 탭에서 '인쇄'를 선택

● 프린터 선택

● 인쇄 범위 설정

● 인쇄 버튼 클릭

이를 실현하려면 VBA라는 프로그래밍 언어를 배워야 한다. 여기서는 챗GPT에 VBA를 사용한 프로그램 작성을 요청하자.

당신은 전문 IT 엔지니어다. '청구서' 시트를 자동으로 인쇄하는 VBA 프로그램을 작성해주길 바란다.

알겠다. 엑셀의 '청구서' 시트를 자동으로 인쇄하기 위한 VBA 프로그램을 작성하겠다. 이 프로그램에서는 특정 시트를 선택하여 인쇄 설정을 한후에 인쇄를 실행하겠다.

아래 단계에 따라 VBA 프로그램을 작성하겠다:

1. **매크로 작성:** 엑셀의 '개발 도구' 탭에서 'Visual Basic'을 열어 새 모듈을 삽입한다.
2. **코드 입력:** 아래의 VBA 코드를 새 모듈에 붙여넣는다.
3. **매크로 실행:** 엑셀로 돌아가서 '매크로'를 선택하여 작성한 매크로를 실행한다.

여기에 기본적인 VBA 코드를 표시하겠다:

```
Sub PrintInvoiceSheet( )
    Dim ws As Worksheet

    ' "청구서"라는 워크시트를 찾는다
    Set ws = ThisWorkbook.Sheets("청구서")
```

```
If Not ws Is Nothing Then
    ' 워크시트를 찾은 경우
    With ws
        .Select
        .PrintOut Copies:=1, Collate:=True, IgnorePrintAreas:=False
    End With
Else
    · 워크시트를 찾을 수 없는 경우 출력되는 메시지
    MsgBox "'청구서' 시트를 찾을 수 없습니다.", vbExclamation
End If
End Sub
```

이 코드는 '청구서'라는 이름의 워크시트를 찾고, 찾은 경우에는 인쇄를 실행한다. 인쇄 설정은 필요에 따라 개별 설정해주길 바란다. 예를 들면, Copies:=1은 인쇄하는 부수를 나타내며, 이것은 변경할 수 있다.

처음 매크로를 만들 경우 이 설명이 조금 어렵게 느껴질 수도 있다. 그러나 일단 만들기 시작해보면 설명이 무슨 의미인지 이해하게 된다. '배우기보다 익숙해져라.'라는 접근 방식으로 챗GPT가 제시한 방법에 따라 매크로를 작성해보도록 하자.

매크로 작성, 저장, 실행하는 방법

우선은 '1. 매크로 작성'대로 엑셀에서 '개발 도구' 탭을 클릭한다. 만약 '개발 도구' 탭이 보이지 않는다면 다음 ❶과 같이 설정해야 한다.

❶ '엑셀 옵션' 화면을 열고 '리본 사용자 지정'＊을 클릭하여 '기본 탭' 설정 칸에서 '개발 도구'의 체크 박스를 활성화한다

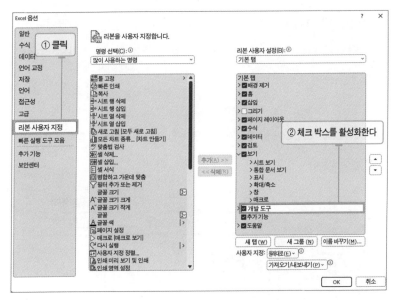

엑셀 '파일' > '옵션' > '리본 사용자 지정' 화면

＊ '리본'이란, 탭을 포함한 다양한 기능의 버튼이나 메뉴를 표시하는 화면 상단 영역을 말한다.

❷ 설정 변경 사항을 저장한 후 '개발 도구' 탭을 선택하여 'Visual Basic' 메뉴를 클릭한다

'개발 도구' 탭을 선택한 화면

그러면 VBE(Visual Basic Editor)라는 VBA 편집기 창이 열린다. '2. 코드 입력'에 나와 있는 것처럼 오른쪽 입력 항목에 챗GPT가 출력한 프로그램을 붙여넣고 저장한다.

❸ VBE(Visual Basic Editor) 편집기의 오른쪽 입력 칸에 챗GPT가 출력한 프로그램을 붙여넣는다

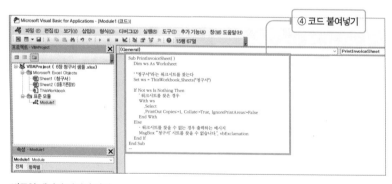

비주얼 베이직 편집기 화면

VBA를 저장하려고 하면 아래와 같은 팝업 메시지가 뜰 수도 있다. 이때 VBA를 저장하려면 엑셀 통합 문서를 '매크로 사용 통합 문서'로 저장해야 한다. 그 방법을 설명하겠다.

④ 앞서 설명한 팝업 메시지가 뜨면 '아니오'를 선택한다

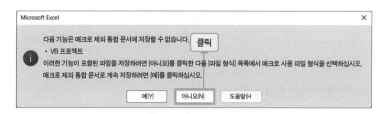

⑤ '다른 이름으로 저장' 화면에서 '파일 형식'을 'Excel 매크로 사용 통합 문서 (.xlsm)'로 변경하여 저장한다

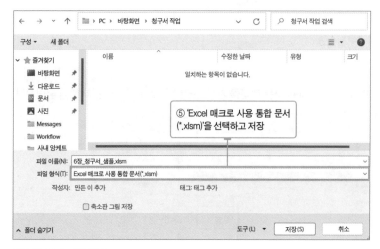

다른 이름으로 저장 화면

그러면 파일명에 .xlsm이라는 확장자가 붙은 파일이 만들어진다. 확장자란 파일의 종류를 나타내는 문자열이다. 보통 엑셀은 '*.xlsx'라는 확장자로 설정되어 있다.

❻ 새로 작성한 '.xlsm' 파일을 연다

윈도우 탐색기에서 파일이 저장된 폴더 화면

'개발 도구' 탭에서 '매크로'를 클릭한다

개발 도구 탭 화면

❼ 'PrintInvoiceSheet'라는 이름을 가진 매크로를 선택하고 '실행' 버튼을 클릭한다

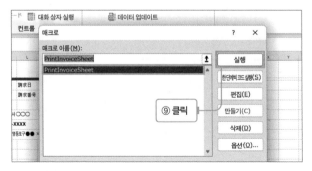

매크로 실행 창 화면

고작 이렇게만 설정했을 뿐인데 인쇄 처리 작업이 실행된다.

챗GPT에 인쇄 프로그램에 대한 설명을 요청한다.

이 프로그램을 바탕으로 VBA를 학습하겠다. 이해를 돕기 위해 챗GPT에 설명을 요청하자.

자동으로 인쇄하기 위한 VBA 코드를 한 행씩 프로그래밍 초보자를 대상으로 설명해주길 바란다.

물론이다. 엑셀에서 '청구서' 시트를 자동으로 인쇄하기 위한 VBA 프로그램을 프로그래밍 초보자도 알기 쉽게 설명하겠다.

(중략)

1. 서브루틴 시작:

Sub PrintInvoiceSheet( ): 이것은 '서브루틴(Subroutine)'의 시작을 선언한다. 여기서 'PrintInvoiceSheet'라는 이름의 매크로를 정의한다. 매크로를 실행했을 때 Sub와 End Sub 사이에 작성된 코드가 실행된다.

2. 변수 선언:

Dim ws As Worksheet: 여기서는 ws라는 변수를 선언한다. Dim은 변수를 만들기 위한 명령이다. As Worksheet는 ws가 워크시트형 변수임을 의미한다. 변수는 데이터를 일시적으로 저장하기 위한 용기 같은 것이다.

3. 워크시트 설정:

Set ws = ThisWorkbook.Sheets("청구서"): 이 행에서 현재 열려 있는 통합 문서(ThisWorkbook) 중에서 '청구서'라는 이름의 시트를 찾고, 그 시트를 ws 변수에 할당한다.

(중략)

5. 인쇄 명령 :

With ws … End With: 이 블록 내의 코드는 ws(청구서 시트)에 대해 실행된다.

.Select: 먼저 청구서 시트를 선택한다.

.PrintOut Copies:=1, Collate:=True, IgnorePrintAreas:=False: 그리고 그 시트를 인쇄한다. 여기서는 인쇄 부수가 1부, 정렬을 수행하고, 인쇄 범위를 지정한다.

(중략)

7. 서브루틴 종료:

End If: If 블록의 종료를 나타낸다.

End Sub: 서브루틴의 종료를 나타낸다. 이로써 매크로 코드가 완료된다.

설명을 보면 각 행이 무엇을 하고 있는지 대략 이해할 수 있을 것이다. 각각에 대해 설명하면서 VBA의 기본적인 구조를 살펴보자.

● 프로시저(서브루틴)의 시작과 종료:

'1. 서브루틴 시작' '7. 서브루틴 종료'를 보면 알 수 있듯이 VBA는 'Sub XXX'로 시작해서 'End Sub'로 끝난다. 이 코드의 묶음을 VBA에서는 '프로시저(Procedure)'라고 부른다.

'Sub' 뒤에 이어지는 것은 프로시저의 이름이며, 작성자가 정할 수 있다. 예를 들어, 이 프로그램에서는 'PrintInvoiceSheet'라는 이름을 가진 프로시저가 작성되었다. 챗GPT의 설명을 보면 '서브루틴(Subroutine)'이라는 표현을 사용한다. 이것도 '코드(명령)의 묶음'라는 의미다. 프로시저와 같은 것을 다른 말로 표현했다고 이해하면 된다.

● 변수 선언:

챗GPT는 변수를 "데이터를 일시적으로 저장하기 위한 '용기' 같은 것"이라고 설명했다. 파이썬뿐만 아니라 VBA에도 변수가 존재한다. VBA에서는 'Dim 변수명'으로 변수를 선언할 수 있다. 해설의 '2. 변수 선언'에 나와 있는 대로 'Dim ws~'로 'ws'라는 명칭을 가진 변수를 작성했다.

● 변수에 할당:

'3. 워크시트 설정'에서는 'Set ws~'에 대해 설명한다. 'Set ws~'는 변수에 넣고 싶은 데이터의 정보(참조 대상)를 저장한다. 예를 들어 'ThisWorkbook.Sheets("청구서")'는 현재 열려 있는 엑셀 파일의 '청구서' 시트를 가리킨다.

● 조작 실행:

'5. 인쇄 명령'의 설명 부분을 보면 인쇄를 실행한다는 것을 알 수 있다. 'With ws~'는 'End With'와의 사이에 있는 명령을 연속적으로 변수에 대해 실행한다. 여기서는 인쇄와 관련된 명령이 포함되어 있다.

VBA에서는 이와 같이 특정한 규칙에 따른 작성법을 '문(스테이트먼트)'이라고 부른다. 이 문은 VBA의 기본 규칙이며, 올바른 형식을 따르지 않으면 프로그램이 작동하지 않는다.

참고로 챗GPT에 어떠한 문이 존재하는지 물어보도록 하자.

VBA에서 자주 사용하는 문을 표 형식으로 가르쳐주길 바란다.

엑셀 VBA에서 자주 사용되는 문을 표 형식으로 설명하겠다. 아래의 표는 각각의 문의 개요를 나타낸다.

문	설명
Dim	변수를 선언하고 데이터 유형을 지정한다.
If...Then...Else	조건 분기를 실행한다. 조건이 참인 경우와 거짓인 경우에 다른 코드를 실행한다.
For...Next	지정한 횟수만큼 루프 처리를 수행한다.
Do...Loop	조건이 충족될 때까지 또는 충족되는 동안 루프 처리를 수행한다.
Select Case	여러 조건을 확인하여 각각 다른 코드를 실행한다.
With...End With	하나의 객체에 대해 여러 조작을 모아서 실행한다.
Function	값을 반환하는 프로시저를 정의한다.
Sub	값을 반환하지 않는 프로시저를 정의한다.
Set	개체 변수에 개체를 할당한다.
Exit Sub / Exit Function	서브루틴 또는 함수에서 조기에 빠져나온다.

여기서는 VBA의 기본적인 구조에 대해 배웠다. 챗GPT에 질문하면 업무에서 사용하기에 적절한 프로그램의 예를 제공해준다. 다만, 제공된 프로그램을 그대로 복사 & 붙여넣기 해서는 제대로 동작하지 않을 수도 있다. 프로그램을 자신의 용도에 맞게 응용하려면 내용을 제대로 이해해야 한다.

VBA 프로그램을 배울 때는 각 서술이 어느 종류에 속하는지(문, 변수 등)를 확인하는 것이 중요하다. 모르는 서술이 나오면 그 종류를 확인하고 필요에 따라 챗GPT에 물어본다.

03

실전 예시 2 사내 설문 조사를 집계하자

다음 단계에서는 VBA를 한층 더 잘 활용할 수 있기를 목표로 한다. VBA를 능숙하게 다룰 줄 알면, 다음과 같은 어려운 조작도 가능해진다.

● 여러 시트나 통합 문서 간의 처리

예를 들어 특정 폴더에서 여러 엑셀 파일을 불러와 그 데이터를 하나의 워크시트로 통합할 수 있다.

● 맞춤형 함수 작성

복잡한 날짜 계산 등을 하기 위한 맞춤형 함수를 작성할 수 있다.

● 다른 애플리케이션과의 연계

엑셀에서 작성한 메일링 리스트를 사용하여 메일 발송을 자동화할 수 있다.

● 데이터베이스와의 연계

액세스(Access)의 데이터베이스에서 데이터를 불러와 엑셀로 분석하고 보고서를 작성할 수도 있다.

　이러한 기능을 이해하면 엑셀 업무의 효율화를 한층 더 진행할 수 있다. VBA 학습은 조금 더 깊이 들어가는 노력이 필요하지만, 그만큼 돌아오는 혜택이 크다. 함께 도전해보자.

(그림 6-5) 학습 단계 2. VBA 응용

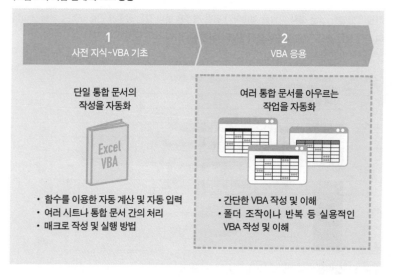

　여기에서는 '사내 설문 조사 집계'를 예로 들어 매크로/VBA 응용을 배워보자. 사원이 설문 조사에 응답하여 엑셀 파일(사내 설문 조사.xlsx)에 입력하고, 그 파일명에 자신의 이름을 넣어 지정된 폴더에 제출하는 상황이라고 하자. 그리고 목표는 이 설문 조사 결과를 다른 엑셀 파일(집계표.xlsm)에 정리하여 분석할 수 있는 형태로 만드는 것이다.

사원이 답변한 설문 조사 파일을 제출하기 위한 제출용 폴더(같은 상황을 연출하려면, 부속 데이터의 사내 설문 조사(엑셀) 파일을 편집 및 복사하면 된다)

설문 조사 답변용 엑셀 파일의 예(사내 설문 조사.xlsx)

결과 집계용 엑셀 파일의 예(집계표.xlsm)

위의 엑셀 파일은 본문 14쪽에 기재된 URL로부터 다운로드할 수 있다.

이 집계를 수작업으로 할 경우 다음과 같은 단계를 밟아야 한다.

- 제출된 파일을 하나씩 연다
- 답변 결과를 복사한다
- 그것을 집계 파일에 옮긴다
- 모든 파일에서 이 작업을 반복한다

이 예시처럼 여러 엑셀 파일에 흩어진 데이터를 취합해야 할 일이 종종 생긴다. 수작업으로 여러 엑셀 파일에서 데이터를 취합하는 데는 시간이 오래 걸린다. 이때 매크로/VBA를 이용한 자동화를 배우면, 파일에 기재된 내용을 효율적으로 다루고 데이터 집계 및 분석, 보고서 작성을 짧은 시간 내에 끝낼 수 있다.

▦ 다른 파일에서 데이터를 수집한다

먼저 결과 집계용 엑셀 파일(집계표.xlsm)에서 설문 조사 응답용 엑셀 파일(사내 설문 조사.xlsx) 중 하나를 연다. 그 파일에 기재된 내용을 집계 대상 표에 넣는다. 그리고 챗GPT에 다음과 같이 질문해보자.

당신은 전문 IT 엔지니어다.

'집계표.xlsm'의 B2 셀에 다른 엑셀 파일 '설문 조사_임서우.xlsx'의 G2의
값을 가져와서 넣는 VBA 프로그램을 작성해주길 바란다.

알겠다. 엑셀 VBA 프로그램을 작성하여 특정 셀에서 다른 엑셀 파일의
특정 셀로 데이터를 전송하는 방법을 제시하겠다.

(중략)

```vba
Sub ImportDataFromAnotherWorkbook( )
    Dim sourceWorkbook As Workbook
    Dim sourceWorksheet As Worksheet
    Dim targetWorkbook As Workbook
    Dim targetWorksheet As Worksheet
    Dim dataToImport As Variant

    ' 현재 열려 있는 통합 문서(집계표.xlsm)를 설정
    Set targetWorkbook = ThisWorkbook
    ' 대상 시트 이름으로 바꾸어 주세요.
    Set targetWorksheet = targetWorkbook.Sheets("시트 이름")

    ' 소스 파일(설문 조사_임서우.xlsx)을 연다
    Set sourceWorkbook = Workbooks.Open("C:₩path₩to₩설문 조사_임서우.xlsx")
    ' 소스 파일의 시트 이름으로 바꾸어 주세요.
    Set sourceWorksheet = sourceWorkbook.Sheets("시트 이름")
```

```
    ' 소스 파일에서 데이터를 가져온다
    dataToImport = sourceWorksheet.Range("G2").Value

    ' 가져온 데이터를 집계표.xlsm의 B2 셀에 설정
    targetWorksheet.Range("B2").Value = dataToImport

    ' 소스 통합 문서를 닫는다
    sourceWorkbook.Close False
End Sub
```

이 코드를 사용하려면 다음 절차를 따라주길 바란다:

- 코드에 있는 targetWorksheet와 sourceWorksheet의 시트 이름을 적절
  한 것으로 변경한다.
- 코드에 있는 sourceWorkbook의 경로를 소스 파일이 있는 정확한 위
  치로 업데이트한다.

작성된 프로그램을 붙여넣기 해서 매크로를 만들고 실행해보자. 더
불어 챗GPT의 지시대로 올바른 '경로'로 바꾼다. 경로란 파일이나 폴더
의 위치를 나타내는 정보다. 윈도우에서는 보통 'C:￥'로 시작하는 문자
열이 경로를 나타낸다. 이 경로는 파일 탐색기에서 대상 파일의 저장
위치를 표시하면 확인할 수 있다.

(그림 6-6) 새로운 매크로를 작성한다

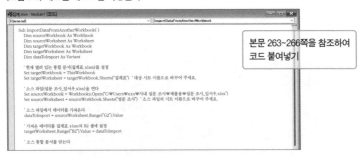

본문 263~266쪽을 참조하여
코드 붙여넣기

(그림 6-7) 매크로 실행

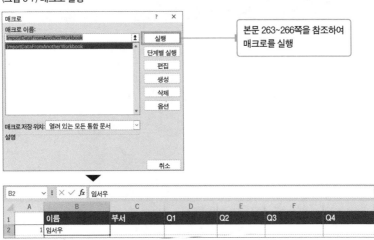

본문 263~266쪽을 참조하여
매크로를 실행

매크로를 실행한 결과, 집계표에 이름이 입력되었다

설문 조사 응답용 엑셀 파일(사내 설문 조사.xlsx)에서 이름을 가져와서 결과 집계용 엑셀 파일의 표에 옮겨 적는 데 성공했다. 이 프로그램에는 어떤 요소가 담겨 있을까? 이해를 돕도록 챗GPT에 설명을 요청해보자.

나는 프로그래밍 초보자다. 작성된 VBA 프로그램을 초보자도 쉽게 이해
할 수 있도록 설명해주길 바란다.

물론이다. 작성한 VBA 프로그램을 단계별로 설명하겠다.

설명

1. 프로그램 선언

```vba
Sub ImportDataFromAnotherWorkbook( )
```

이것은 서브루틴(Sub)의 시작을 의미한다. 서브루틴은 VBA에서 일련의
명령의 묶음을 말한다. 여기서 ImportDataFromAnotherWorkbook은 이
특정 서브루틴의 이름이다.

2. 변수 선언

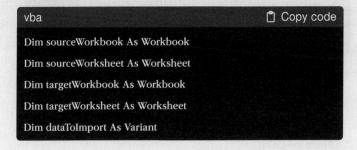

```vba
Dim sourceWorkbook As Workbook
Dim sourceWorksheet As Worksheet
Dim targetWorkbook As Workbook
Dim targetWorksheet As Worksheet
Dim dataToImport As Variant
```

이 행들에서는 프로그램에서 사용되는 변수를 선언한다. 변수는 데이터를 저장하기 위한 용기 같은 것이다. 예를 들면 sourceWorkbook나 targetWorkbook은 엑셀의 통합 문서를 나타내며, sourceWorksheet나 targetWorksheet는 워크시트를 나타낸다.

3. 현재 열려 있는 통합 문서 설정:

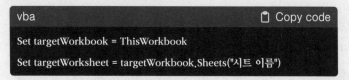

```vba
Set targetWorkbook = ThisWorkbook
Set targetWorksheet = targetWorkbook.Sheets("시트 이름")
```

ThisWorkbook은 현재 열려 있는 통합 문서를 가리킨다. 이 코드 행은 그 통합 문서와 그중 특정 시트("시트 이름"을 적절한 이름으로 바꾸어)를 설정한다.

4. 소스 파일 열기:

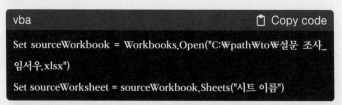

```vba
Set sourceWorkbook = Workbooks.Open("C:₩path₩to₩설문 조사_
임서우.xlsx")
Set sourceWorksheet = sourceWorkbook.Sheets("시트 이름")
```

여기서는 Workbooks.Open 메서드를 사용하여 특정 경로에 있는 엑셀 파일(소스 파일)을 열고, 그중 특정 시트를 선택한다.

5. 데이터 가져오기:

```vba
dataToImport = sourceWorksheet.Range("G2").Value
```

이 행에서는 소스 워크시트의 G2 셀에서 값을 불러와 그것을 dataToImport 변수에 저장한다.

6. 데이터 전송:

```vba
targetWorksheet.Range("B2").Value = dataToImport
```

여기서 가져온 데이터(dataToImport에 저장된)를 현재 열려 있는 통합 문서의 지정된 셀(B2)에 설정한다.

(이하 생략)

이 프로그램에서 특히 중요한 것은 엑셀 파일을 열고, 그 파일에서 특정 셀의 값을 가져오는 부분이다. 이 작업은 주로 설명의 '4. 소스 파일 열기'와 '5. 데이터 가져오기'에서 수행하고 있음을 알 수 있다. 'Workbooks.Open'은 파일을 여는 함수이며, 'sourceWorksheet. Range("G2").Value'로 시트에서 셀 G2의 값을 가져올 수 있다.

'Workbooks'와 'Sheets'는 객체라고 불리는 것들이다. Chapter 5(본문 192쪽)에서도 이야기했지만, 객체는 컴퓨터 분야에서 '사물'을 나타내는 말이고, Workbooks는 파일 전체, Sheets는 시트 전체를 나타내는 객체다. 'Open'은 객체에 명령을 내리는 메서드로, 여기서는 파일을 열도록 지시하고 있다. 'Value'는 객체의 특정 속성을 나타내는 속성으로, 여기서는 셀의 값을 의미한다.

메서드나 속성에는 많은 종류가 있다. 예를 들어 Workbooks 객체의 메서드에 대해 챗GPT에 질문해보자.

VBA에서 자주 사용하는 'Workbooks 객체의 메서드'를 표 형식으로 알려 주길 바란다.

VBA에서 자주 사용되는 'Workbooks 객체의 메서드'에 대해 아래 표에서 설명하겠다.

메서드 이름	설명
Add	새 통합 문서를 추가한다
Close	열려 있는 통합 문서를 닫는다.
Open	통합 문서를 연다.
Save	통합 문서를 저장한다.
SaveAs	통합 문서를 다른 이름이나 형식으로 저장한다.
Copy	통합 문서를 복사한다.
Activate	특정 통합 문서를 활성화한다.
PrintOut	통합 문서를 인쇄한다.
PrintPreview	통합 문서의 인쇄 미리보기를 표시한다.

VBA 프로그래밍에서 사용되는 객체, 메서드, 속성을 언제 다 외우나 싶을 수도 있지만, 중요한 것은 암기보다 실제로 사용해보는 것이다. 하고 싶은 것을 출발점으로 삼아 어떻게 하면 좋을지 검색하거나 챗 GPT에 질문하면, 목적 달성을 위해 어떤 객체나 메서드, 속성을 사용하

면 좋을지 효율적으로 배울 수 있다.

엑셀 VBA는 평소 업무 중에서 비효율적인 부분 등 해결하고 싶거나 하고 싶은 일을 쉽게 만들어내므로, 특히 실전을 통해 배우는 '배우기보다 익숙해져라.'라는 접근 방식이 효과적이다.

여러 셀의 데이터를 가져온다

설문 조사 답변용 엑셀 파일(사내 설문 조사.xlsx)에서 한 개의 값을 가져오는 데 성공했다. 같은 요령으로 집계에 필요한 모든 값을 가져오는 프로그램으로 개선하자.

작성해준 프로그램을 아래 조건에 따라 개선해주길 바란다.

조건
'설문 조사_임서우.xlsx'에서 G2의 값을 가져와서 '집계표.xlsm'의 B2에 설정한 것과 마찬가지로
- K2의 값을 C2로
- K4의 값을 D2로
- K5의 값을 E2로
- K6의 값을 F2로
- C9의 값을 G2로

지정된 조건에 따라 엑셀 VBA 프로그램을 개선한다. 이 프로그램은 '설문 조사_임서우.xlsx'에서 여러 셀의 값을 가져와서 '집계표.xlsm'의 지정된 셀에 각각 배치한다.

다음은 개선된 VBA 코드다.

```vba
Sub ImportMultipleDataFromWorkbook( )
    Dim sourceWorkbook As Workbook
    Dim sourceWorksheet As Worksheet
    Dim targetWorkbook As Workbook
    Dim targetWorksheet As Worksheet


    ' 현재 열려 있는 통합 문서(집계표.xlsm)를 설정
    Set targetWorkbook = ThisWorkbook
    ' 대상 시트 이름으로 바꾸어주세요
    Set targetWorksheet = targetWorkbook.Sheets("시트 이름")


    ' 소스 파일(설문 조사_임서우.xlsx)을 연다
    Set sourceWorkbook = Workbooks.Open("C:\path\to\설문 조사_임서우.xlsx")
    ' 소스 파일의 시트 이름으로 바꾸어주세요
    Set sourceWorksheet = sourceWorkbook.Sheets("시트 이름")


    ' 소스 파일에서 여러 데이터를 가져와서 해당 셀에 설정
    targetWorksheet.Range("B2").Value = sourceWorksheet.Range("G2").Value
    targetWorksheet.Range("C2").Value = sourceWorksheet.Range("K2").Value
```

```
targetWorksheet.Range("D2").Value = sourceWorksheet.Range("K4").Value

targetWorksheet.Range("E2").Value = sourceWorksheet.Range("K5").Value

targetWorksheet.Range("F2").Value = sourceWorksheet.Range("K6").Value

targetWorksheet.Range("G2").Value = sourceWorksheet.Range("C9").Value

' 소스 통합 문서를 닫는다

sourceWorkbook.Close False

End Sub
```

(이하 생략)

(그림 6-8) 집계에 필요한 값을 가져오는 매크로를 작성한다

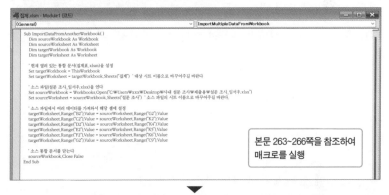

매크로를 실행한 결과, 모든 항목이 집계표에 입력되었다

챗GPT에 개선 내용을 전달하여 〈그림 6-8〉과 같이 셀에서 여러 값을 가져오는 프로그램을 작성할 수 있었다. 실행만 하면 모든 항목을 한 번에 집계할 수 있다. 이처럼 챗GPT에 실현하고 싶은 내용을 소분하여 개선하도록 전달하면 단계별로 처리를 실현할 수 있다.

▣ 특정 폴더에 든 파일 이름 목록을 가져온다

특정 파일에서 셀의 데이터를 가져와 표에 입력했다면, 이번에는 여러 설문 조사를 도입해야 한다. 다음으로 하나의 파일에서 데이터를 가져오는 데 더해 폴더 내의 모든 파일에 대해서 똑같은 입력 처리를 해야 한다. 이러한 반복 처리를 포함한 프로그램을 작성하는 데 도전하여 엑셀 VBA 응용 능력을 길러보자.

폴더 내의 파일마다 데이터 처리를 하기 위해서는 다음과 같은 절차가 필요하다.

● 폴더 내에 있는 모든 파일의 경로를 가져온다
● 가져온 경로에서 파일을 열어 필요한 데이터를 추출한다
● 추출한 데이터를 1행씩 이동하면서 해당 셀에 입력한다

이 과정을 실현하려면 기존의 프로그램을 개선해야 한다. 구체적인 개선 방법을 챗GPT와 상의해보자.

작성해준 프로그램을 아래 조건에 따라 개선해주길 바란다.

#조건
- '제출용' 폴더 내에 있는 모든 파일의 값을 가져온다
- 파일별로 가져온 값은 두 번째 줄에서 시작하여, 3, 4⋯ 하고 행을 바꾸면서 입력한다

지정된 조건에 따라 제공된 VBA 프로그램을 개선한다. 이 개선된 프로그램은 '제출용' 폴더 내의 모든 엑셀 파일에서 특정 셀의 데이터를 가져와 현재 열려 있는 통합 문서의 연속되는 행에 데이터를 설정한다. 각 파일에서 특정 셀(G2, K2, K4, K5, K6, C9)의 데이터를 가져와서 각각 B열, C열, D열, E열, F열, G열의 대응하는 행에 배치한다.

```vba
Sub ImportMultipleDataFromAllWorkbooks( )
    Dim folderPath As String
    Dim fileName As String
    Dim sourceWorkbook As Workbook
    Dim sourceWorksheet As Worksheet
    Dim targetWorkbook As Workbook
    Dim targetWorksheet As Worksheet
    Dim currentRow As Integer

    ' 폴더 경로 설정 ('제출용' 폴더의 경로로 바꾸어주길 바란다)
    folderPath = "C:\path\to\제출용\"
```

```vba
    If Right(folderPath, 1) <> "\" Then folderPath = folderPath & "\"

    ' 현재 통합 문서를 설정
    Set targetWorkbook = ThisWorkbook
    Set targetWorksheet = targetWorkbook.Sheets("시트 이름")

    ' 폴더 내 모든 엑셀 파일에 대해 처리를 실행
    fileName = Dir(folderPath & "*.xlsx")
    currentRow = 2 ' 데이터를 설정하는 시작 행

    Do While fileName <> ""
        Set sourceWorkbook = Workbooks.Open(folderPath & _
fileName)
        Set sourceWorksheet = sourceWorkbook.Sheets(1) ' 첫 번째 시
트를 사용

        ' 각 셀에서 데이터를 가져와서 해당 셀에 설정
        targetWorksheet.Cells(currentRow, 3).Value = _
        sourceWorksheet.Range("K2").Value
        targetWorksheet.Cells(currentRow, 4).Value = _
        sourceWorksheet.Range("K4").Value
        targetWorksheet.Cells(currentRow, 5).Value = _
        sourceWorksheet.Range("K5").Value
        targetWorksheet.Cells(currentRow, 6).Value = _
        sourceWorksheet.Range("K6").Value
        targetWorksheet.Cells(currentRow, 7).Value = _
        sourceWorksheet.Range("C9").Value
```

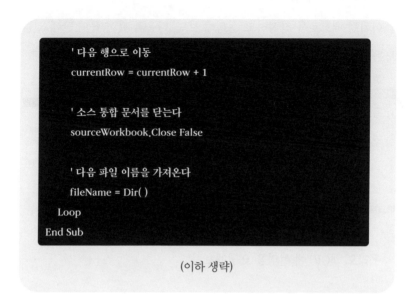

```
' 다음 행으로 이동
currentRow = currentRow + 1

' 소스 통합 문서를 닫는다
sourceWorkbook.Close False

' 다음 파일 이름을 가져온다
fileName = Dir( )
Loop
End Sub
```

(이하 생략)

출력된 프로그램으로 새로운 매크로를 만들고 실행해보자. 폴더의
경로(folderPath 변수)는 실제 경로에 맞게 변경한다.

```
Sub ImportDataFromAnotherWorkbook( )
    Dim folderPath As String
    Dim fileName As String
    Dim sourceWorkbook As Workbook
    Dim sourceWorksheet As Worksheet
    Dim targetWorkbook As Workbook
    Dim targetWorksheet As Worksheet
    Dim currentRow As Integer

    ' 폴더 경로 설정 ('제출용' 폴더의 경로로 바꿔주길 바란다)
    folderPath = "C:\Users\xxx\Desktop\사내 설문 조사\제출용\"
    If Right(folderPath, 1) <> "\" Then folderPath = folderPath & "\"

    ' 현재 열려 있는 통합 문서(집계표.xlsm)을 설정
    Set targetWorkbook = ThisWorkbook
    Set targetWorksheet = targetWorkbook.Sheets("집계")  ' 대상 시트 이름으로 바꾸어 주세요

    ' 폴더 내 모든 엑셀 파일에 대해 처리를 실행
    fileName = Dir(folderPath & "*.xlsx")
    currentRow = 2  ' 데이터를 설정하는 시작 행

    Do While fileName <> ""
        Set sourceWorkbook = Workbooks.Open(folderPath & fileName)
        Set sourceWorksheet = sourceWorkbook.Sheets(1)  ' 첫 번째 시트를 사용

        ' 각 셀에서 데이터를 가져와 해당 셀에 설정
        targetWorksheet.Cells(currentRow, 3).Value = sourceWorksheet.Range("K2").Value
        targetWorksheet.Cells(currentRow, 4).Value =     sourceWorksheet.Range("K4").Value
        targetWorksheet.Cells(currentRow, 5).Value =     sourceWorksheet.Range("K5").Value
```

모든 파일의 값을 가져오는 매크로

이처럼 매크로를 작성하고 실행해 보면, 다음과 같이 폴더 안에 있는 모든 파일에서 모든 설문 조사 항목을 가져와서 정보를 수집할 수 있다.

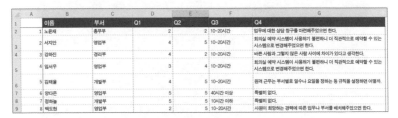

	A	B	C	D	E	F	G
1	이름	부서	Q1	Q2	Q3	Q4	
2	1 노윤재	총무부		2	2	10~20시간	업무에 대한 상담 창구를 마련해주었으면 한다.
3	2 서지안	영업부		4	5	10~20시간	회의실 예약 시스템이 사용하기 불편하니 더 직관적으로 예약할 수 있는 시스템으로 변경해주었으면 한다.
4	3 강하진	경리부		4	2	10~20시간	바쁜 사람과 그렇지 않은 사람 사이에 차이가 있다고 생각한다.
5	4 임서우	영업부		3	4	10~20시간	회의실 예약 시스템이 사용하기 불편하니 더 직관적으로 예약할 수 있는 시스템으로 변경해주었으면 한다.
6	5 김태율	개발부		4	5	10~20시간	원격 근무는 부서별로 일수나 요일을 정하는 등 규칙을 설정하면 어떨까.
7	6 양다온	영업부		5	5	40시간 이상	특별히 없다.
8	7 정하늘	개발부		5	5	10시간 이하	특별히 없다.
9	8 백도현	영업부		2	5	10~20시간	사원이 희망하는 경력에 따른 업무나 부서를 배치해주었으면 한다.

매크로를 실행한 결과, 모든 파일의 값이 집계표에 입력되었다

우리도 챗GPT에 설명을 요청해보자.

작성된 VBA 프로그램을 초보자도 쉽게 이해할 수 있도록 설명해주길 바란다.

물론이다. 제공된 VBA 프로그램은 특정 폴더 내의 모든 엑셀 파일로부터 데이터를 가져와서 현재 열려 있는 통합 문서의 연속된 행에 배치하기 위한 것이다. 프로그램을 하나씩 분해해서 설명하겠다.

(중략)

• 폴더 내의 파일을 처리하는 루프:

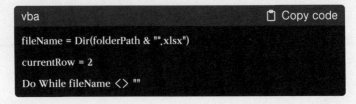

```vba
fileName = Dir(folderPath & "*.xlsx")
currentRow = 2
Do While fileName <> ""
```

Dir 함수는 지정된 경로의 파일 이름을 반환한다. 여기서는 확장자가 .xlsx인 모든 파일의 이름을 가져온다. currentRow는 데이터 삽입을 시작할 행을 설정한다. Do While 루프는 fileName이 비워질 때까지 반복된다.

- **소스 파일 시작과 데이터 가져오기:**

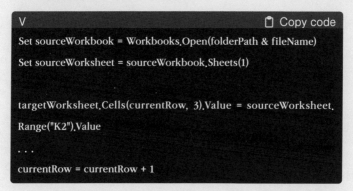

```
V                                              📋 Copy code
Set sourceWorkbook = Workbooks.Open(folderPath & fileName)
Set sourceWorksheet = sourceWorkbook.Sheets(1)

targetWorksheet.Cells(currentRow, 3).Value = sourceWorksheet.
Range("K2").Value
. . .
currentRow = currentRow + 1
```

여기서 각 파일을 열고 첫 번째 시트를 가져와서 특정 셀(G2, K2, K4, K5, K6, C9)에서 데이터를 읽어 현재 열려 있는 워크시트의 지정된 열 (B, C, D, E, F, G)의 currentRow 행에 데이터를 설정한다. 그런 다음 currentRow가 증가하면서 다음 행으로 이동한다.

- **소스 통합 문서 닫기와 다음 파일로 이동:**

```
vba                                            📋 Copy code
sourceWorkbook.Close False
fileName = Dir( )
Loop
```

파일의 처리가 끝나면, 그 파일을 닫고 다음 파일명을 가져온다. Loop는
fileName이 비워질 때까지 반복된다.
처리가 끝난 파일은 닫고 다음 파일로 넘어간다.

(이하 생략)

이 프로그램에서는 반복 처리가 핵심이다. 반복할 때는 'Do While ...
Loop'라는 구문이 사용된다. 이 구문은 다음과 같이 사용한다.

```
Do While 조건식
  반복하고 싶은 처리
Loop
```

이 프로그램에서는 'fileName 〈 〉 ""'라는 조건식이 사용되었으며,
이는 'fileName'이라는 변수가 비지 않는 한(이띤 값이 설정되어 있는
한) 처리를 반복하는 것을 의미한다. filename의 내용은 'Dir(folderPath
& "*.xlsx")'라는 명령어를 사용하여 특정 폴더 내에 있는 모든 엑셀 파
일명이 설정된다.

처리 마지막엔 'fileName = Dir( )'로 서술되어 있는데, 이는 아직 처
리되지 않은 파일명을 가져오기 위한 것이다. 모든 파일을 처리하고 나
면, 'fileName = Dir( )'을 실행해도 파일명을 가져올 수 없고, 결과적으

로 fileName은 빈("") 상태가 된다. 즉, 이 프로그램은 폴더 내의 모든 엑셀 파일의 처리를 끝낼 때까지 반복된다.

반복 처리 중에는 설문 응답용 엑셀 파일을 열어 G2 셀의 값을 가져와 그 값을 집계 시트에 기록한다. 기록할 위치가 'targetWorksheet. Cells(currentRow, 2).Value'로 지정되어 있으며, 여기서 Cells 메서드를 사용하여 행(currentRow)과 열(2)을 지정한다. 반복하기 전에 'currentRow = 2'로 두 번째 줄이 지정되어 있다. 처리가 반복될 때마다 'currentRow = currentRow + 1'을 실행하고, 3, 4…… 하고 커지면서 다음 행으로 이동하여 기록을 수행한다.

이로써 사내 설문 조사의 집계 매크로 작성이 완료되었다. 이 예와 같이 통합 문서 간에 데이터를 주고받는 처리를 할 줄 알게 되면, 매크로를 사용할 수 있는 폭이 훨씬 넓어진다. 동시에 반복 처리를 구사하게 되면, 일상 업무의 대부분을 자동화할 수 있을 것이다.

▣ 자동화를 극대화한다

여기서는 VBA를 사용한 엑셀 업무의 자동화를 소개했는데, 파이썬 등 다른 많은 프로그래밍 언어에서도 엑셀 조작과 자동화가 가능하다. 최근에는 RPA(Robotic Process Automation)와 같은 노코드(No-code)·로코드(Low-code) 개발 도구도 늘어나 더욱 간편하게 업무를 자동화할 수 있게 되었다.

그러나 선택지가 늘어나고 간편해진다고 해서 누구나 쉽게 자동화를 실현할 수 있는 것은 아니다. 자동화를 위한 범용적인 기술과 경험이 부족하기 때문이다. 예를 들면, 하고 싶은 것을 하나하나의 처리로 분해하고 절차화하는 기술 등을 들 수 있다.

VBA 프로그래밍을 배우면, 다른 자동화 도구를 사용하는 작업에 응용할 수 있는 기본적인 기술을 익힐 수 있다. 만약 조건식 설정이나 변수 반복 처리 과정에서 어떻게 변화하는지 이해하기 어렵다면, 'Chapter3 09'(본문 95쪽)를 참고하여 변수의 변화를 시각화하면 이해하는 데 도움이 될 것이다. 업무에서 프로그래밍으로 자동화할 수 있는 부분을 찾아 다양한 업무를 자동화하는 데 도전해보기 바란다.

Chapter 7

실전 가이드:
파이썬을 이용한
데이터 분석

01

프로그래밍으로 데이터 분석 기술을 기른다

최근 데이터를 활용하여 업무나 비즈니스 개선을 도모하는 일이 늘어나고 있다. 따라서 데이터 분석 기술을 익히는 것은 디지털 시대에 활약하기 위한 유력한 접근법이 될 수 있다.

대부분 업무상 데이터를 다룰 때 엑셀을 이용한다. 하지만 엑셀은 소규모 데이터나 간단한 분석에는 적합하지만, 처리할 수 있는 데이터 양에 제한이 있는 등 할 수 있는 일에 한계가 있다. 예를 들면, '데이터 양이 너무 많아서 엑셀이 멈췄던' 경험을 한 적이 있지 않은가?

이럴 때는 파이썬을 이용한 데이터 분석이 유용하다. 파이썬은 데이터 분석에 널리 사용되는 프로그래밍 언어로, 대규모 데이터나 복잡한 처리도 잘해서 더욱 발전된 분석을 할 수 있다.

파이썬을 이용하여 데이터를 분석할 수 있는 인재는 극소수에 불과하다. '지금 하는 방식을 뛰어넘는 분석을 하고 싶다.' '데이터 분석으로 자신의 가치를 높이고 싶다.' 하는 사람에게는 파이썬을 이용한 데이터 분석 기술을 익히는 것이 큰 걸음이 될 수 있다. 한편, 파이썬을 이용한 데이터 분석이 어려울 것 같아 시작하기를 주저했던 사람도 많지 않을까. 그러나 챗GPT를 활용하면 순조롭게 시작할 수 있다.

이러한 직장인들을 위해 이번 장에서는 파이썬을 이용한 데이터 분석 실전 가이드를 준비했다. 두 단계를 통해 파이썬을 이용한 데이터 분석에 도전할 수 있다.

① 파이썬 분석 흐름을 체험

우선, 일반적인 분석 흐름(데이터 준비~분석~시각화)을 파이썬으로 실행하면 어떤 작업이 되는지 체험한다. 챗GPT를 사용해서 분석용 파이썬 프로그램을 작성하고 그 프로그램을 이해한다.

② 고도의 분석에 도전

더 나아가 파이썬으로 실현할 수 있는 다양한 분석 방법과 시각화에 도전해보자. 파이썬을 이용한 데이터 분석의 다용성을 체감함으로써, 데이터 분석을 할 때 엑셀이 아닌 파이썬을 사용하고 싶게 될지도 모른다.

(그림 7-1) 파이썬을 사용한 데이터 분석을 통한 학습의 두 단계

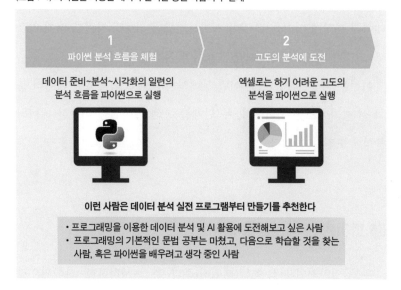

📊 환경 준비(Google Colaboratory)

이번 장에서는 환경 구축을 위해 파이썬을 실행할 수 있는 'Google Colaboratory'(약칭: Google Colab, 구글 코랩)를 활용한다. 구글 코랩은 브라우저상에서 파이썬 프로그램을 작성하고 실행할 수 있는 플랫폼이다. 브라우저상에서 작동하므로 파이썬이나 다른 라이브러리를 설치할 필요가 없다. 구글 계정이 있으면 누구나 쉽게 바로 사용할 수 있다.

이제부터 구글 코랩의 사용법을 차례로 설명하면서 환경 준비를 해 보겠다. 프로그램 작성법부터 실행까지 단계별로 배워보자.

❶ 구글 계정에 로그인한 후 공식 사이트
(https://colab.research.google.com/notebooks/intro.ipynb)에 접속

❷ 튜토리얼 화면이 표시된다.
'파일' → 'Drive의 새 노트북'을 선택

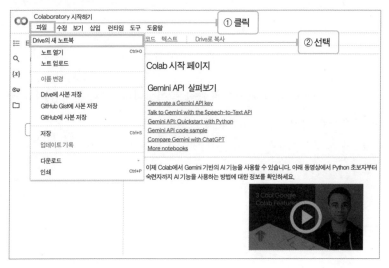

구글 코랩 시작 페이지 화면

❸ 코드 입력 화면에 샘플 코드 'print("Hello World!")'를 입력

❹ 코드 입력 화면 왼쪽의 실행 버튼 '▶'을 클릭

코드가 실행되어 아래에 결과가 표시된다

　구글 코랩에서 입력하는 기본 동작은 이상이다. 환경 준비가 완료되었으니 이제 실전으로 들어가보자.

02

실전 예시   주유소의 매출 데이터 분석

먼저, 파이썬을 이용한 데이터 분석의 기본적인 절차를 실전으로 따라 해보고 그 과정을 배워보자. 더불어 챗GPT가 작성한 분석 프로그램을 읽고 이해하면서 그 구조와 동작에 대해 더 깊이 있게 살펴보자.

이번 실전 예시에서는 '주유소 매출 데이터'를 분석한다. 실제 비즈니스 상황에서 평소 매출 데이터로부터 '어떤 상품이 잘 팔리는가?' '지역마다 매출 트렌드가 달라지는가?' 등을 알아보기 위해 데이터 분석이 자주 이루어진다. 따라서 매출 데이터 분석은 대표적인 활용 사례라고 할 수 있다.

이번 장에서는 매출 샘플 데이터를 CSV 파일 형식(각 항목이 쉼표(,)로 구분된 데이터)으로 준비했다. 본문 14쪽에 기재된 URL로 다운로드하여 이용할 수 있다. 혹은 다른 매출 데이터가 있다면, 그 자료를 사용해도 상관없다.

구매일	지점	고객 유형	연료 종류	단가	판매량(리터)	매출	월
2023-01-01	A지점	신규	고급 휘발유	194,0	50,0	9700,0	1,0
2023-01-01	A지점	신규	일반 휘발유	169,0	68,0	11408,0	1,0
2023-01-01	A지점	신규	경유	122,0	52,0	6344,0	1,0
2023-01-01	A지점	재구매	고급 휘발유	210,0	15,0	3150,0	1,0
2023-01-01	A지점	재구매	일반 휘발유	154,0	52,0	8085,0	1,0
2023-01-01	A지점	재구매	경유	135,0	35,0	4738,0	1,0
2023-01-01	B지점	신규	고급 휘발유	198,0	43,0	8514,0	1,0
2023-01-01	B지점	신규	일반 휘발유	176,0	46,0	8026,0	1,0
2023-01-01	B지점	신규	경유	125,0	43,0	5362,0	1,0
2023-01-01	B지점	재구매	고급 휘발유	186,0	33,0	6138,0	1,0
2023-01-01	B지점	재구매	일반 휘발유	175,0	52,0	9030,0	1,0
2023-01-01	B지점	재구매	경유	150,0	23,0	3510,0	1,0
2023-01-01	C지점	신규	고급 휘발유	210,0	26,0	5460,0	1,0
2023-01-01	C지점	신규	일반 휘발유	159,0	69,0	10971,0	1,0
2023-01-01	C지점	신규	경유	143,0	47,0	6692,0	1,0
2023-01-01	C지점	재구매	고급 휘발유	197,0	44,0	8668,0	1,0
2023-01-01	C지점	재구매	일반 휘발유	158,0	40,0	6399,0	1,0

주유소의 매출 데이터의 csv 파일(gas_station_sales_data.csv)

(그림 7-2) 학습 단계 1. 파이썬 분석 흐름을 체험

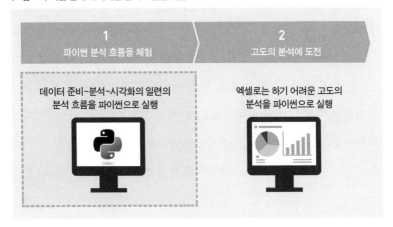

1	2
파이썬 분석 흐름을 체험	고도의 분석에 도전
데이터 준비~분석~시각화의 일련의 분석 흐름을 파이썬으로 실행	엑셀로는 하기 어려운 고도의 분석을 파이썬으로 실행

▣ 데이터를 읽어들인다

데이터 분석을 시작하는 첫걸음으로 분석 대상인 데이터를 읽어들여
야 한다. 챗GPT를 사용해서 진행하겠다.

당신은 전문 IT 엔지니어다. 구글 코랩을 사용해서 CSV를 읽어들이는 프로그램을 작성해주길 바란다.

구글 코랩에서 CSV 파일을 읽어들이기 위한 기본적인 파이썬 프로그램을 설명하겠다. 이 예에서는 Pandas 라이브러리를 사용한다. Pandas는 데이터 분석하는 데 매우 편리한 도구로, 간단히 CSV 파일을 읽어 들이고 조작할 수 있다.

1. **구글 코랩을 연다:** 먼저 구글 코랩을 열고 새로운 노트북을 작성한다.

2. **Pandas 라이브러리를 가져온다:** 새로운 셀에 아래 코드를 입력한 후 실행하여 Pandas를 가져온다.

```python
import pandas as pd
```

3. **CSV 파일을 업로드한다:** 구글 코랩에 CSV 파일을 업로드하려면, 왼쪽 사이드바에 있는 파일 아이콘을 클릭하여 '업로드' 버튼을 사용해야 한다. 파일을 업로드하면 해당 파일은 코랩의 가상머신상에 저장된다.

4. **CSV 파일을 불러온다:** CSV 파일을 불러오는 데는 다음 코드를 사용한다. 여기서 'your_file.csv'는 불러오고 싶은 파일명으로 바꾸어주길 바란다.

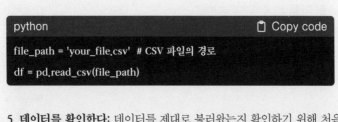

```python
file_path = 'your_file.csv'  # CSV 파일의 경로
df = pd.read_csv(file_path)
```

5. 데이터를 확인한다: 데이터를 제대로 불러왔는지 확인하기 위해 처음
   몇 줄을 표시한다.

```python
df.head( )
```

먼저 '1. 구글 코랩을 연다' '2. Pandas 라이브러리를 가져온다'에서 작
성된 'import pandas as pd' 코드를 구글 코랩의 노트북에 입력하고 실
행한다.

'pandas(판다스)'는 데이터 분석을 위한 라이브러리다. pandas를 사
용하면 파이썬 프로그램상에서 데이터를 엑셀처럼 표 형식으로 다룰
수 있다.

(그림 7-3) 'import pandas as pd' 실행

다음으로 '3. CSV 파일을 업로드한다'를 실행한다. 구글 코랩의 왼쪽 사이드바에 있는 폴더 버튼을 선택하면 파일 탐색기가 표시된다.

업로드 버튼을 클릭하고 샘플 데이터(gas_station_sales_data.csv)를 업로드한다.

시간이 지나면 업로드한 파일이 사라져버리기도 한다. 이는 사용 중인 환경(런타임)이 일정 기간 경과 후에 삭제되기 때문이다. 그럴 때는 다시 업로드한다.

(그림 7-4) CSV 파일 업로드

'4. CSV 파일을 불러온다'에 따라 파일을 불러와보자. 그러려면 업로드한 파일의 파일 경로를 지정해야 한다. 파일 탐색기에서 데이터 파일

을 우클릭 → '경로로 복사'를 선택하면 파일 경로가 복사되므로 프로그램에 붙여넣으면 된다. 실행 버튼을 클릭하면 불러오기가 완료된다.

(그림 7-5) CSV 파일 불러오기

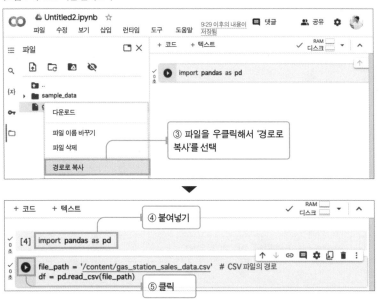

마지막으로 '5. 데이터를 확인한다'를 해보자. 표 형식으로 지정한 행의 데이터가 표시되었다면 성공이다. 덧붙여서 'head( )'는 지정한 행 수 (지정하지 않으면 5행)을 표시하는 함수다.

(그림 7-6) 데이터 확인

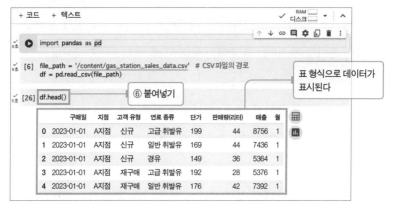

▣ 데이터 구조를 이해한다

지금까지 데이터를 불러오는 방법에 대해 설명했는데, 단순히 데이터 분석 프로그램을 복사 & 붙여넣기만 할 것이 아니라, 그 구조를 이해해야 한다. 여기서는 '데이터 프레임(DataFrame)'이라는 개념에 초점을 맞춰 아래 프로그램을 더 깊이 있게 이해해보자.

```
file_path = '/content/gas_station_sales_data.csv' # CSV 파일의 경로
df = pd.read_csv(file_path)
```

'df'라는 변수는 불러온 CSV 파일의 데이터를 나타낸다. 데이터 프레

임이라는 표 형식 데이터로 취급할 수 있는 상태가 되어 있다. 〈그림 7-6〉과 같이 head( )를 실행하면, 데이터를 데이터 프레임으로 취급하는지를 확인할 수 있다. 우선 〈그림 7-7〉과 함께 이 표 데이터의 구조를 이해해보자.

가로 방향으로 나열된 것이 1건의 데이터다. '행'이나 '레코드'라고 부른다. 이 샘플 데이터에서는 휘발유 판매 1회에 따라 1행짜리 데이터로 작성되어 있다.

세로 방향으로 나열된 것이 하나의 항목이다. 항목이란 데이터를 구성하는 요소를 가리키며, 이 샘플 데이터에서는 구매일, 지점, 고객 유형 등이 이에 해당한다. 이 항목을 '열'이나 '칼럼'이라고 부른다.

엑셀의 '셀'에 해당하는 행과 열이 지정된 하나의 칸은 '요소'나 '필드'라고 부른다.

그리고 표 데이터의 맨 위에는 '구매일'이나 '지점' 등 항목 이름이 나열되어 있다. 대상 열이 어떤 항목인지 이 항목 이름을 보면 알 수 있다. 상단에 있는 항목을 '헤더'라고 부른다.

표 데이터의 가장 왼쪽에는 0부터 시작하는 숫자가 나열되어 있다. 이는 대상 행이 몇 번째 행인지를 나타내며, '인덱스'라고 부른다.

(그림 7-7) 데이터 프레임 객체의 구조

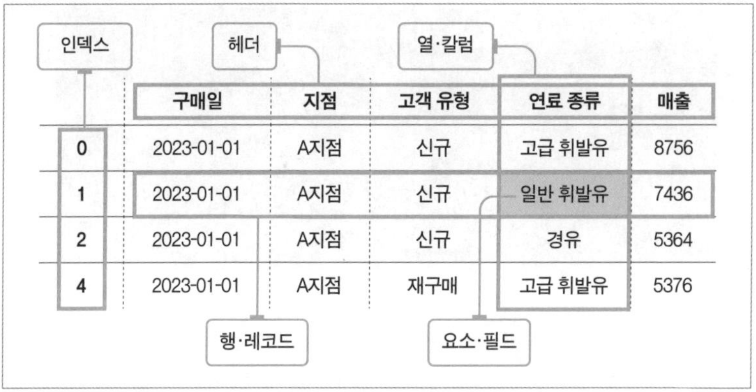

인덱스	구매일	지점	고객 유형	연료 종류	매출
0	2023-01-01	A지점	신규	고급 휘발유	8756
1	2023-01-01	A지점	신규	일반 휘발유	7436
2	2023-01-01	A지점	신규	경유	5364
4	2023-01-01	A지점	재구매	고급 휘발유	5376

헤더 · 열·칼럼 · 행·레코드 · 요소·필드

데이터 프레임의 구조나 각 구성 요소의 호칭에 대해 이해했다면, 다음은 이 표 데이터를 조작해보면서 한층 더 심도 있게 이해해보자. 데이터를 조작하는 프로그램을 작성하고 실행하여 그 구조와 조작 방법에 대해 배워보자.

'두 번째 행의 데이터 전체'와 '두 번째 행 데이터의 매출'을 가져오는 프로그램을 작성해주길 바란다.

두 번째 행의 데이터 전체와 두 번째 행 데이터의 매출을 가져오는 프로그램은 아래와 같이 작성할 수 있다.

```Python
# 두 번째 행(인덱스1)의 데이터 전체를 가져오기
second_row_data = df.loc[1]
```

```
# 두 번째 행 데이터의 '매출'을 가져오기
second_row_sales = df.loc[1, '매출']

# 결과 표시
print("두 번째 행의 전체 데이터:", second_row_data)
print("두 번째 행 데이터의 매출:", second_row_sales)
```

작성된 프로그램을 실행하면 '두 번째 행의 데이터 전체'와 '두 번째
행 데이터의 매출' 값이 표시된다.

(그림 7-8) 실행 결과: 두 번째 행의 데이터 전체 및 두 번째 행 매출의 값을 표시

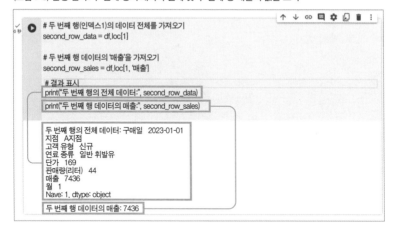

'loc'는 표 데이터에서 특정 행, 열, 요소의 값을 가져오는 함수다.

행의 값은 df.loc['인덱스']로 가져올 수 있다. 예시처럼 두 번째 행의

데이터를 가져오려면 df.loc[1]이라고 작성한다. **

한 요소의 값을 가져오는 경우에는 df.loc['인덱스', '칼럼 이름']이라고 작성한다. 두 번째 행 매출의 값을 가져오고 싶은 경우에는 df.loc[1, '매출']이라고 작성한다.

이처럼 행이나 열을 지정하여, 분석하고자 하는 데이터를 선택하여 분석을 진행한다.

▣ 매출의 평균값, 최댓값, 최솟값을 가져온다

데이터 프레임을 더 깊이 이해하기 위해서 불러온 매출 데이터를 사용하여 기본적인 집계를 해보자. 매출의 평균값, 최댓값, 최솟값을 가져오는 프로그램을 작성한다.

CSV 데이터에서 매출의 평균값, 최댓값, 최솟값을 산출하는 프로그램을 작성해주길 바란다.
CSV의 칼럼은 다음과 같다.
구매일, 지점, 고객 유형, 연료 종류, 단가, 판매량(리터), 매출, 월

---

* 인덱스는 0부터 시작하는 번호가 할당되므로, 두 번째 행을 가져오는 경우 '1'이 된다.

CSV 파일에서 '매출'의 평균값, 최댓값, 최솟값을 산출하기 위한 파이썬 프로그램의 예시를 아래에 제시하겠다. 이 프로그램은 Pandas 라이브러리를 사용한다.

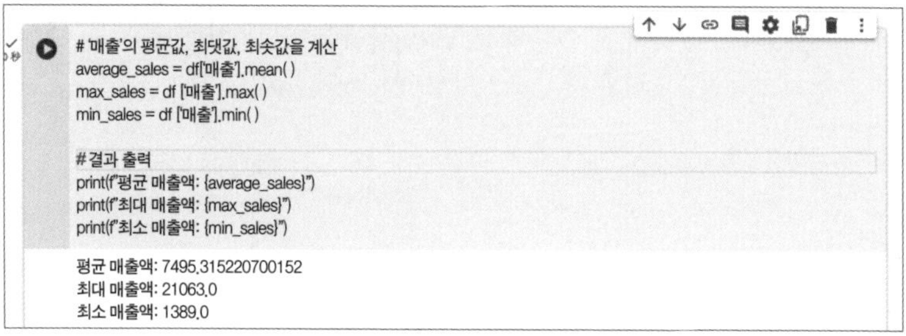

Python　Copy code

```python
# '매출'의 평균값, 최댓값, 최솟값을 계산
average_sales = df['매출'].mean( )
max_sales = df ['매출'].max( )
min_sales = df ['매출'].min( )


# 결과 출력
print(f"평균 매출액: {average_sales}")
print(f"최대 매출액: {max_sales}")
print(f"최소 매출액: {min_sales}")
```

챗GPT에서 작성된 프로그램을 실행하면 다음과 같이 매출액의 평균값, 최댓값, 최솟값이 산출되어 출력된다.

(그림 7-9) 실행 결과: 매출액의 평균값, 최솟값, 최댓값 산출

```python
# '매출'의 평균값, 최댓값, 최솟값을 계산
average_sales = df['매출'].mean( )
max_sales = df ['매출'].max( )
min_sales = df ['매출'].min( )

# 결과 출력
print(f"평균 매출액: {average_sales}")
print(f"최대 매출액: {max_sales}")
print(f"최소 매출액: {min_sales}")
```

```
평균 매출액: 7495.315220700152
최대 매출액: 21063.0
최소 매출액: 1389.0
```

mean( )은 평균값, max( )는 최댓값, min( )은 최솟값을 계산하는 함수다. df['칼럼 이름']으로 계산 대상을 지정하여 함수를 호출할 수 있다. 여기서는 df['매출']과 매출 항목이 계산 대상 열로 지정되어 평균값, 최댓값, 최솟값이 계산되었다.

그 밖에도 데이터 프레임 객체에는 분석을 위한 함수가 많다. 어떤 것들이 있는지 챗GPT에 질문해보도록 하겠다.

데이터 프레임 객체에서 자주 사용되는 함수를 표 형식으로 만들어주길 바란다.

Pandas 데이터 프레임(df)에서 자주 사용되는 함수를 표 형식으로 정리하겠다. 이러한 함수는 데이터 분석이나 데이터 조작을 할 때 도움이 된다.

함수	설명
df.head(n)	데이터 프레임의 처음 n행을 표시한다(기본은 5).
df.tail(n)	데이터 프레임의 마지막 n행을 표시한다(기본은 5).
df.describe( )	숫자열의 기본 통계량(평균, 표준편차, 최솟값, 최댓값 등)을 표시한다.
df.info( )	데이터 프레임의 칼럼, null 값이 아닌 수, 데이터형 등의 개요 정보를 표시한다.
df.mean( )	숫자열의 평균값을 계산한다.
df.sum( )	숫자열의 합계값을 계산한다.
df.max( )	각 열의 최댓값을 찾는다.
df.groupby(col)	지정한 칼럼 col을 기준으로 데이터를 그룹화한다.
df.sort_values(col)	지정한 칼럼 col을 기준으로 데이터를 정렬한다.

파이썬을 이용한 데이터 분석에서는 데이터 프레임을 빼놓고 이야기할 수 없다. 여기서 소개한 방법 이외에도 다양한 데이터 조작 및 분석용 함수가 존재한다. 꼭 여러 가지 기능을 사용해보기 바란다.

03
분석 결과를 시각화한다

▣ 분석 결과를 다운로드한다

실제 업무에서는 분석하는 것이 끝이 아니라 얻은 분석 결과를 다시 엑셀 파일로 다루거나, 보고 자료로 정리하는 일이 많다. 여기서 분석 결과의 시각화에 대해 살펴보겠다.

분석 결과를 직접 확인하려면 우선 구글 코랩의 실행 결과를 다운로드하자. 예를 들어 '지점별 월별 매출'을 집계하여 그 결과를 다운로드하고 싶은 경우에는 다음과 같은 프로그램을 작성한다.

'지점별 월별 매출'을 산출하는 프로그램을 작성해주길 바란다.
그리고 구글 코랩에서 결과를 CSV로 다운로드하는 프로그램으로 작성해주길 바란다.

먼저 지점별로 월 매출을 산출하기 위한 코드다.

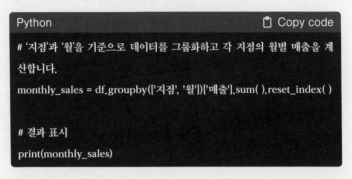

```Python
# '지점'과 '월'을 기준으로 데이터를 그룹화하고 각 지점의 월별 매출을 계
산합니다.
monthly_sales = df.groupby(['지점', '월'])['매출'].sum( ).reset_index( )

# 결과 표시
print(monthly_sales)
```

다음으로 이 결과를 CSV 파일로 다운로드하기 위한 코드다. 구글 코랩에
서는 files 모듈을 사용하여 파일을 다운로드한다.

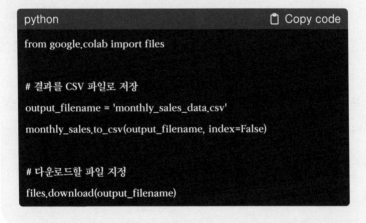

```python
from google.colab import files

# 결과를 CSV 파일로 저장
output_filename = 'monthly_sales_data.csv'
monthly_sales.to_csv(output_filename, index=False)

# 다운로드할 파일 지정
files.download(output_filename)
```

이 프로그램을 실행하면 분석 결과를 CSV 파일로 다운로드할 수 있
다.

(그림 7-10) 실행 결과: CSV 파일 다운로드

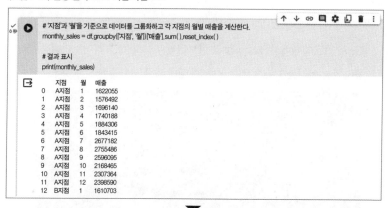

```
# '지점'과 '월'을 기준으로 데이터를 그룹화하고 각 지점의 월별 매출을 계산한다.
monthly_sales = df.groupby(['지점', '월'])['매출'].sum().reset_index()

# 결과 표시
print(monthly_sales)
```

```
      지점    월    매출
0   A지점    1    1622055
1   A지점    2    1576492
2   A지점    3    1696140
3   A지점    4    1740188
4   A지점    5    1884306
5   A지점    6    1843415
6   A지점    7    2677182
7   A지점    8    2755486
8   A지점    9    2596095
9   A지점   10    2168465
10  A지점   11    2307364
11  A지점   12    2398590
12  B지점    1    1610703
```

```
from google.colab import files

# 결과를 CSV 파일로 저장
output_filename = 'monthly_sales_data.csv'
monthly_sales.to_csv(output_filename, index=False)

# 다운로드할 파일 지정
files.download(output_filename)
```

결과가 CSV 파일로
다운로드된다

```
Downloading "monthly_sales_data.csv":
```

▦ 그래프를 그린다

분석 결과를 시각화하는 방법으로 대표적인 것이 그래프 그리기다.
파이썬은 그래프 그리기도 잘하는 언어다. 방금 산출한 '지점별 월별 매
출'의 추이를 그래프로 만들어보자.

'지점별 월별 매출'을 그래프로 그리는 프로그램을 작성해주길 바란다.

지점별 월 매출을 그래프로 그리기 위한 파이썬 프로그램을 작성할 수 있다. 이 프로그램에서는 Pandas 라이브러리와 Matplotlib 라이브러리를 사용하여 데이터를 그래프로 그린다. 아래에 샘플 코드를 제시하겠다.

```python
import pandas as pd
import matplotlib.pyplot as plt

# CSV 파일 불러오기
file_path='gas_station_sales_data.csv'  # CSV 파일의 경로 지정
df = pd.read_csv(file_path)

# '지점'와 '월'을 기준으로 데이터를 그룹화하고 각 지점의 월별 매출을 계산
monthly_sales = df.groupby(['지점', '월'])['매출'].sum( ).reset_index( )

# 지점별 월 매출을 그래프로 그리기
plt.figure(figsize=(15, 8))
for store in monthly_sales['지점'].unique( ):
    store_data = monthly_sales[monthly_sales['지점'] == store]
    plt.plot(store_data['월'], store_data['매출'], marker='o', label=store)
plt.title ('지점별 월 매출')
plt.xlabel('월')
plt.ylabel('매출')
plt.legend( )
plt.show( )
```

matplotlib(매트플롯라이브러리) 라이브러리는 그래프 그리기를 위한 라이브러리다. 여기서 사용된 plt.plot( )은 꺾은선그래프를 작성하기 위한 함수다.

matplotlib.pyplot의 대표적인 함수를 표 형식으로 해주길 바란다.

Matplotlib의 pyplot 모듈에서 자주 사용되는 함수를 표 형식으로 정리하겠다. 이러한 함수는 데이터 시각화에 중요한 역할을 한다.

함수	설명
plt.plot( )	꺾은선그래프를 그린다.
plt.scatter( )	산포도를 그린다.
plt.bar( )	막대그래프를 그린다.
plt.hist( )	히스토그램을 그린다.
plt.xlabel( )	x축의 레이블을 설정한다.
plt.ylabel( )	y축의 레이블을 설정한다.
plt.title( )	그래프의 제목을 설정한다.
plt.legend( )	범례를 표시한다.
plt.grid( )	격자선을 표시한다.
plt.show( )	그래프를 표시한다.

■ 그래프의 글씨가 깨졌을 때의 대처법

작성된 프로그램을 실행하면 그래프가 표시된다. 그러나 그래프 제
목이나 X축, Y축의 명칭이 깨져버렸다.

(그림 7-11) 글자가 깨진 그래프

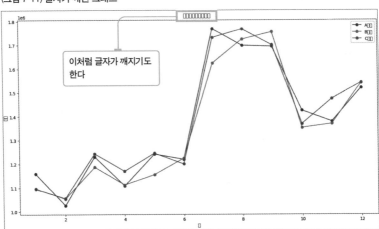

이는 Matplotlib의 초기 설정 글꼴이 한국어를 지원하지 않기 때문이
다. 한국어를 표시하기 위해서는 koreanize-matplotlib이라는 라이브러
리를 이용한다.

우선은 koreanize-matplotlib을 설치한다. 구글 코랩에서 다음과 같
은 코드를 입력하고 실행한다.

→ !pip install koreanize-matplotlib

(그림 7-12) koreanize-matplotlib 설치

설치 후 다음 페이지와 같이 기존 프로그램에 koreanize-matplotlib
을 가져오는 행을 추가한다.

```
import pandas as pd
import matplotlib.pyplot as plt
import koreanize-matplotlib    # 한국어 표시를 가능하게 한다

# CSV 파일 불러오기
file_path = 'gas_station_sales_data.csv' # CSV 파일의 경로 지정

              (이하 앞서 나온 코드와 동일)
```

이 변경 사항을 추가한 프로그램을 실행하면 <그림 7-13>과 같이
한국어가 올바르게 표시되는 그래프를 작성할 수 있다.

(그림 7-13) 실행 결과: koreanize-matplotlib가 적용된 그래프

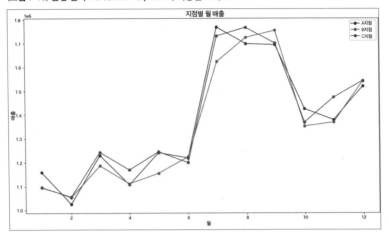

04

분석 프로그램을 이해한다

지금까지 설명한 내용을 응용할 수 있도록, 작성한 '지점별 월별 매출'을 그래프로 그리는 프로그램이 어떻게 작동하는지 자세하게 이해해두자.

■ 월별 매출 집계

본문 318쪽의 프로그램에 있는 아래 행에서 '지점별 월별 매출'의 데이터를 작성했다.

```
monthly_sales = df.groupby(['지점', '월'])['매출'].sum( ).reset_index( )
```

이 행에서는 '지점별 월별 매출' 데이터를 작성한다. 구체적으로 말하자면 다음의 세 가지 함수가 작동한다.

- df.groupby(['지점', '월'])

'지점'과 '월' 칼럼을 토대로 그룹화한다. 'A지점, 1월' 그룹, 'B지점, 3월' 그룹 같은 식이다. 이를 통해 나중에 계산하기 위한 준비가 이루어진다.

- ['매출'].sum( )

작성한 그룹 내에서 '매출' 칼럼의 값을 합산한다. 예를 들어 'A지점, 1월' 그룹의 매출은 'A지점'에서 '1월'에 기록된 모든 행의 매출액의 합계다.

- reset_index( )

마지막으로 집계한 데이터에 다시 인덱스를 설정한다.

▤ 꺾은선그래프 작성

monthly_sales['지점'].unique( )에서는 데이터 프레임에 기재된 다른 모든 지점의 이름(예를 들면 A지점, B지점 등) 리스트를 작성한다. 이 리스트를 하나씩 순환하며 각각의 지점에 대해 처리를 수행한다.

```
for store in monthly_sales['지점'].unique( ):
    store_data = monthly_sales[monthly_sales['지점'] == store]
    plt.plot(store_data['월'], store_data['매출'], marker='o', label=store)
```

작성된 지점의 리스트(unique_stores)를 하나씩 순환하며 각 지점에 대해 처리를 수행한다. 예를 들어 store가 A지점일 경우, A지점의 1월부터 12월까지의 매출 데이터가 추출된다(store_data). plt.plot을 이용하여 이 데이터를 그래프로 그렸다. 이런 식으로 B지점, C지점 등으로 순서대로 처리를 반복한다.

　이상으로 데이터 분석부터 그래프 그리기까지 일련의 흐름을 설명 했다. 앞서 소개한 변수처럼 분석은 리스트나 표 등의 데이터 구조를 다룰 일이 많아 이해하기 어려울 수 있다. 만약 잘 이해하기 힘들다면 'Chapter3 09'(본문 95쪽)에서 소개한 것처럼 챗GPT에 변수의 시각화를 요청해보자.

(그림 7-14) 챗GPT를 통한 변수의 시각화

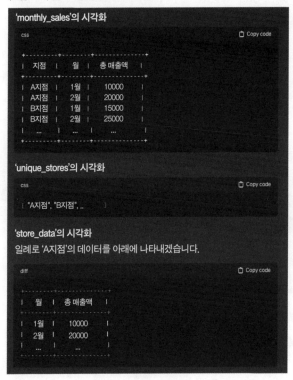

05

고도의 분석에 도전

지금까지 기본적인 데이터 분석 과정과 분석 프로그램에 대해 이해했을 것이다. 이러한 기초 지식을 익혔다면, 이제는 챗GPT에 실제로 하고 싶은 분석 프로그램을 작성하도록 요청하여 '실전을 통해 배우는' 접근법으로 다가가보자. 여기서부터는 구체적인 활용 사례에 따라 엑셀로는 하기 어려운 고도의 분석에 도전한다.

(그림 7-15) 학습 단계 2. 고도의 분석에 도전

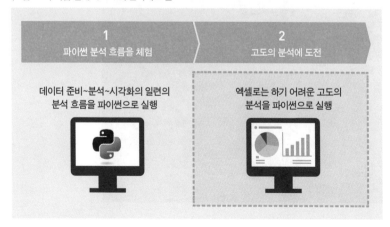

■ 트렌드를 분석한다

대표적인 분석 사례 중 하나가 트렌드(경향) 분석이다. '어떤 상품이
잘 팔리는가?' '계절이나 시기에 따라서 매출이 늘어나는 상품은 무엇인
가?' 하는 문제에 대한 답을 내려면, 상품별(이 예시에서는 연료) 매출
경향을 분석할 필요가 있다.

gas_station_sales_data.csv의 데이터를 사용하여 상승 경향에 있는 카테
고리와 하강 경향에 있는 연료의 종류를 분석하는 프로그램을 작성해주
길 바란다. 분석 결과는 하나의 그래프로 그려주길 바란다.

여러 연료의 종류별 판매량 트렌드를 하나의 그래프로 정리하여 표시하
는 프로그램을 작성하겠다.

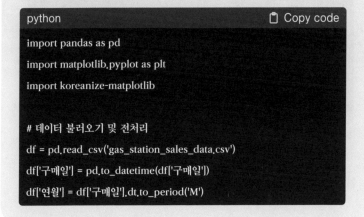

```python
import pandas as pd
import matplotlib.pyplot as plt
import koreanize-matplotlib

# 데이터 불러오기 및 전처리
df = pd.read_csv('gas_station_sales_data.csv')
df['구매일'] = pd.to_datetime(df['구매일'])
df['연월'] = df['구매일'].dt.to_period('M')
```

```
# 데이터 집계
df_needed = df[['연월', '연료 종류', '판매량(리터)']]
sales = df_needed.groupby (['연월', '연료 유형']).sum( ).reset_index( )

# 마커 설정
markers = ['o', 's', '^', 'v']
types df_needed ['연료 유형].unique( )
marker_dict = dict(zip(types, markers))

# 그래프 그리기
plt.figure(figsize=(12, 8))
for t in types:
    data = sales [sales ['연료 유형'] == t]
    plt.plot(data['연월'].astype(str), data['판매량(리터)'],
        marker=marker_dict(t), markersize=10, label=t)
plt.title('연료별 판매량 트렌드')
plt.xlabel('연월')
plt.ylabel('판매량(리터)')
plt.xticks(rotation=45)
plt.legend( )
plt.grid(True)
plt.show( )
```

이 프로그램을 실행하여 작성한 그래프가 〈그림 7-16〉이다.

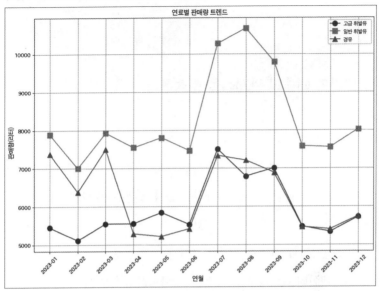

(그림 7-16) 연료 종류별 판매량 트렌드를 나타낸 그래프

출력된 그래프에서 다음과 같은 경향을 읽어낼 수 있다.

● 항상 '일반 휘발유' 판매량이 다른 종류에 비해 많다
● 모든 연료가 다른 달에 비해 7~9월에 판매량이 많은 경향이 있다
● '경유'는 다른 달에 비해 1~3월에 판매량이 많은 경향이 있다

이처럼 데이터로부터 트렌드를 파악함으로써 새로운 가설을 세우거나, 다음으로 분석할 방향성이 보인다. 동시에 왜 이러한 경향을 보이는지 파악하여 대책을 생각할 수 있다. 데이터 분석을 통해 이러한 과정이 반복적으로 이루어진다. 그로부터 과제를 해결하는 데 중요한 통

찰을 얻을 수 있다.

▨ 단가와 매출의 관계성을 분석한다

가격 설정에 관한 분석도 자주 이루어지는 예시다. 예를 들어, '가격을 올리면 고객과 매출이 줄어들지 않을까?'라는 가설을 세우고 타당한지 분석한다. 이 분석을 통해 가격 상승과 고객 수의 관계를 고려하여 최적의 설정 가격을 찾는 것이 목표다.

이때는 가격과 매출의 관계를 분석하는 상관 분석이 효과적이다. 이미 있는 데이터를 바탕으로 예측을 세우는 '회귀 모델'이라는 기법을 이용하여 분석한다.

연료 종류 중 '일반 휘발유'의 판매량과 단가의 상관관계를 분석하는 프로그램을 작성해주길 바란다.
결과 그래프는 산포도와 회귀 직선으로 그려주길 바란다.

'일반 휘발유' 연료의 단가와 판매량의 상관관계를 분석하여 결과를 산포도와 회귀 직선으로 표시할 프로그램을 작성하겠다. 이 분석에서는 '일반 휘발유' 연료의 단가와 판매량 데이터를 추출하고 상관관계를 계산하여 시각화하겠다.

```python
python                                    📋 Copy code

import pandas as pd
import matplotlib.pyplot as plt
from sklearn.linear_model import LinearRegression
import seaborn as sns
import numpy as np
import japanize_matplotlib

# CSV 파일 불러오기
df = pd.read_csv('gas_station_sales_data.csv')

# '일반 휘발유' 연료 데이터를 선택
df_premium = df[df['연료 종류'] == '일반 휘발유']

# 단가 및 판매량 데이터 가져오기
prices = df_premium['단가']
sales = df_premium['판매량(리터)']

# 회귀 모델 훈련
model = Linear Regression( )
model.fit(prices.values.reshape(-1, 1), sales)

# 회귀 직선 작성
line_x = np.linspace (prices.min( ), prices.max( ), 100)
line_y = model.predict(line_x.reshape(-1, 1))
```

```
# 산포도와 회귀 직선 그래프 그리기
plt.figure(figsize=(10, 6))
sns.scatterplot(x=prices, y=sales)
plt.plot(line_x, line_y, color='red')
plt.title('일반 휘발유 연료의 단가와 판매량의 상관관계')
plt.xlabel('단가')
plt.ylabel('판매량(리터)')
plt.show( )
```

챗GPT의 답변에 있는 프로그램을 실행하여 작성한 그래프가 〈그림 7-17〉이다.

(그림 7-17) 단가와 판매량의 상관관계를 그래프로 그리기

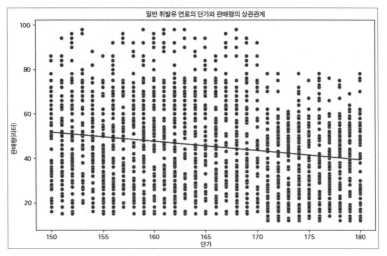

이 그래프는 산포도라고 부르며 X축을 단가, Y축을 판매량으로 했을 때, 데이터가 해당하는 곳에 점을 찍어 표시한다. 그래프 내에 그어진 직선은 회귀 직선이라고 불리며, 산포도 데이터로부터 얻을 수 있는 경향을 파악하거나 미래를 예측하는 데 사용된다. 이 선에서 일반 휘발유 연료의 단가가 상승함에 따라 판매량이 감소하는 경향을 알 수 있다. 알아낸 사실을 바탕으로 더욱 세밀하게 분석하면 얻고 싶은 결과를 얻을 수 있다. 예를 들어, 단가가 얼마가 되면 많이 감소하는지를 분석해 보면, 보다 최적의 가격을 설정할 수 있다.

■ 여러 가지 그래프로 표현한다

파이썬(matplotlib 라이브러리)에서는 다양한 그래프를 작성할 수 있다. 예를 들면, '히트맵'은 숫자 데이터를 색의 진한 정도로 나타내 직관적으로 데이터의 강약을 이해할 수 있는 그래프다.

연료 종류별 및 고객 유형별 판매량을 분석하는 프로그램을 작성해주길 바란다. 결과는 히트맵으로 그려주길 바란다.

연료 종류별 및 고객 유형별 매출을 분석하여 그 결과를 히트맵으로 표시하는 프로그램을 작성하겠다. 아래 코드로 같은 색 계열의 그러데이션 색

상표를 사용한 히트맵을 작성한다.

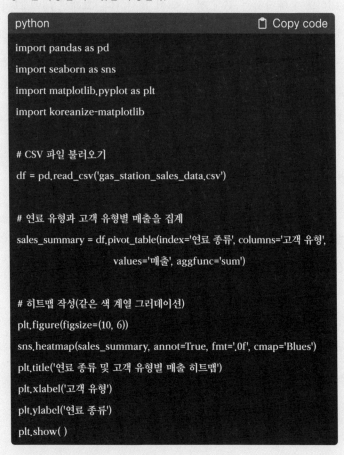

```python
import pandas as pd
import seaborn as sns
import matplotlib.pyplot as plt
import koreanize-matplotlib

# CSV 파일 불러오기
df = pd.read_csv('gas_station_sales_data.csv')

# 연료 유형과 고객 유형별 매출을 집계
sales_summary = df.pivot_table(index='연료 종류', columns='고객 유형',
                               values='매출', aggfunc='sum')

# 히트맵 작성(같은 색 계열 그러데이션)
plt.figure(figsize=(10, 6))
sns.heatmap(sales_summary, annot=True, fmt=',.0f', cmap='Blues')
plt.title('연료 종류 및 고객 유형별 매출 히트맵')
plt.xlabel('고객 유형')
plt.ylabel('연료 종류')
plt.show( )
```

챗GPT의 답변에 있는 프로그램을 실행하여 작성한 그래프가 〈그림 7-18〉이다.

(그림 7-18) 판매량의 히트맵 작성

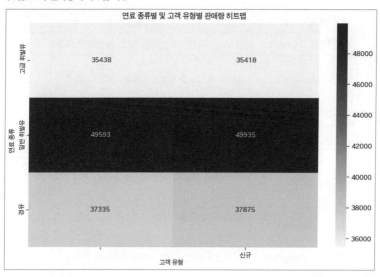

이처럼 챗GPT에 그래프의 종류를 지정하면 지정한 그래프로 결과를 보여주는 프로그램을 만들어준다. 다음은 챗GPT에 질문한 대표적인 그래프의 종류와 이미지다.

matplotlib으로 그릴 수 있는 대표적인 그래프 종류를 표 형식으로 만들어주길 바란다. 그리고 그 그래프 이미지도 함께 작성해주길 바란다.

Matplotlib을 사용하여 그릴 수 있는 주요 그래프의 종류와 그 이미지는 다음과 같다.

그래프 종류	특징
꺾은선그래프(Line Plot)	연속되는 데이터 포인트를 직선으로 연결한 그래프
산포도(Scatter Plot)	데이터 포인트를 개별로 점으로 나타낸 그래프
막대그래프(Bar Chart)	데이터 크기를 막대의 길이로 나타낸 그래프
히스토그램(Histogram)	데이터 분포를 구간(bin)별로 집계하여 막대그래프로 나타낸 것
원그래프(Pie Chart)	각 부분의 전체에 대한 비율을 원에서 부채꼴로 나타낸 그래프
상자 그림(Box Plot)	데이터의 분포를 사분위수로 나타내고, 이상치를 점으로 나타낸 그래프
면적그래프(Area Plot)	꺾은선그래프의 아래 영역을 채워 칠한 그래프
누적 막대그래프 (Stacked Bar Chart)	각 막대를 여러 세그먼트로 쌓아 올린 막대그래프
히트맵(Heatmap)	데이터의 밀도나 빈도를 색의 진하기로 표현한 그래프

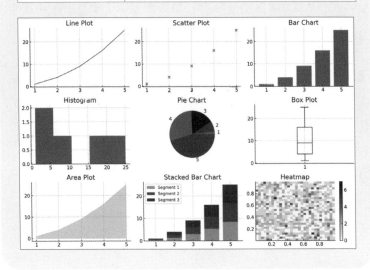

실제 업무에서 데이터 분석을 할 때 새로운 분석 아이디어를 생각하거나, 다른 그래프 형식을 시도해보면, 데이터 활용 기술이 향상된다. 앞으로의 기술 향상을 위해서도 업무에서 실제 데이터과 파이썬을 이용하여 데이터 분석에 도전해보는 것을 강력하게 추천한다.

Chapter 8

'챗GPT×프로그래밍'을
경력에 활용한다

01

프로그래밍을 학습한 후의 경력

    이번 장에서는 챗GPT를 사용하여 프로그래밍 기술을 습득한 후 경력에 어떻게 활용할 것인가에 대해 설명하겠다. 대부분 프로그래밍이나 디지털 기술을 배우는 이유는 자신의 경력 목표를 달성하기 위해서가 아닐까? IT 엔지니어로 직업을 바꾸고 싶다, 부업을 시작하고 싶다, 사내에서 일인자가 되고 싶다, DX 분야에서 리더십을 발휘하고 싶다 등 디지털 기술을 익히고 나면 경력에 다양한 가능성이 펼쳐진다. 단순히 배우기만 하는 것이 아니라 명확한 목표와 그에 이르는 과정에 대한 이미지를 그리면 효과적으로 학습할 수 있다. 여기서는 그러한 경력 목표를 위한 활용 사례와 그에 도달하기 위한 로드맵을 소개한다.

    직장인들이 프로그래밍을 배우며 습득한 기술을 살릴 수 있는 대표적인 여섯 가지 경력을 소개하겠다.

프로그래밍 기술을 살릴 수 있는 여섯 가지 경력

① IT 엔지니어

프로그래밍 기술을 살릴 수 있는 가장 일반적인 경력은 IT 엔지니어가 되는 것이다. IT 엔지니어는 항상 수요가 높으며 많은 기업에서 관련 인재의 부족은 계속 이어지고 있다.

● 요구되는 기술

프로그래밍 기술, 서비스 개발 관련 지식 및 기술, 끊임없이 배우려는 의욕이 요구된다.

● 경력 로드맵

내가 지금까지 지도해온 경험에 비추어 보면, 전문 IT 엔지니어의 입구에 서는 데까지 평균 300~400시간의 학습이 필요하다. 기본적인 프로그래밍 기술을 익혀 혼자만의 힘으로 웹 서비스 구축하기를 목표로 하자. 그러면 이직 활동에서 자신의 기술을 어필할 수 있는 성과물(포트폴리오)을 만들 수 있다.

이직 활동에서는 학습한 내용을 제대로 이해하고 있는지를 묻는다. 작성한 웹 서비스에 대해서 코드의 각 행을 상세하게 설명할 수 있는지 질문하기도 한다. 더불어 기술의 진보가 빨라 끊임없이 배우려는 의욕이 있어야 한다. Chapter 3과 4에서 소개한 '생성형 AI 시대의 학습 마인드셋'을 갖추고 있음을 어필하는 것도 효과적이다.

의외로 간과하기 쉬운 방법이 있다. 바로 사내 소속 변경을 통해 IT 엔지니어가 되는 방법이다. 다른 업종에서 직종을 변경할 때 지원하는 제도를 마련하는 기업도 늘어났다. 사내에서 쌓아온 실적이 평가받을 수 있어 이직보다 진입 장벽이 낮은 경우가 많다. 자신이 소속된 기업에 IT 엔지니어직이 있다면 하고 싶다는 의지를 전달하는 것도 한 가지 방법이다. 하고 싶다는 의지를 전달할 때는 프로그래밍 학습을 해온 과정을 어필하면 분명 어느 정도 진심인지 전해질 것이다.

❷ 부업 구하기

프로그래밍 기술을 활용하여 부업을 하고 싶어 하는 사람도 많다. 프로그래밍을 이용하는 대표적인 부업으로는 웹 사이트나 랜딩 페이지 제작, EC 사이트 구축, 앱 개발 등이 있다. 프로그래밍 일은 다른 부업에 비해 보수가 높은 편이며, 이것이 부업으로 인기를 끄는 이유이기도 하다.

● 요구되는 기술

프로그래밍 기술, 서비스 개발 관련 지식 및 기술, 계약을 따내기 위한 네트워크 및 기술이 요구된다.

● 로드맵 예시

먼저 일본을 예로 들자면 랜서스(Lancers) 등 부업 구인 공고를 소개하는 클라우드 소싱 사이트를 체크해보자. 어떤 일이 있는지 알아보고 자신이 관심 있는 건을 특정한다. 그리고 그 건을 수주하는 데 필요한 기술을 익힐 수 있도록 학습을 진행한다. 예를 들어 웹 사이트 제작 부업을 해보고 싶다면 그에 필요한 기술을 배워야 한다. 'Chapter3 02'(본문 57쪽)에서 소개한 내용을 실천하여 목표를 달성할 가능성을 키우자.

부업을 할 때 가장 힘든 것이 계약을 따내는 일이다. 클라우드 소싱 서비스에는 부업을 노리는 수많은 프로그래머가 있어 경쟁이 치열하다. 따라서 이른바 영업 능력이 요구된다. 지인에게 작은 일을 받아 첫걸음을 내딛는 것도 하나의 유용한 방법이다. 예를 들면, "웹 사이트 제작을 시작했어요. 뭔가 도와드릴 수 있는 일이 있으면, 꼭 말씀해주세요."라고 주위에 말을 건네보자. 작은 실적을 쌓아 올리다보면, 재차 의뢰를 받아 수입이 안정되거나 서서히 큰 계약으로 이어질 수 있다. 학습 전에 혹은 학습과 병행하며 첫 번째 계약을 따내기 위한 씨앗을 뿌려두자.

❸ 기업의 DX 추진 담당

기업들은 점점 DX에 주력하는 추세다. 예를 들어, 운영 지원 업무의 디지털화나 디지털을 활용한 새로운 서비스 기획 및 추진, 고객 획득 방법 개척 등 그 영역이 늘어나고 있다. DX는 기업의 중요한 과제다. 따라서 DX 추진 역할을 담당하면 중요하고도 매력적인 경력 통행증이 생기는 셈이다. 시장 가치도 높아지므로, 기업 내에서 DX를 추진한 경험을 탄력 삼아 한층 수준 높은 경력으로 도약하고 싶은 사람에게도 유망한 과정이다.

● 요구되는 기술

프로그래밍 기술을 포함한 IT를 능숙하게 다루는 능력, IT 엔지니어나 벤더 등과 원활하게 소통하는 능력, 프로젝트 관리와 조건 정의 기술이 요구된다.

● 로드맵 예시

평소 업무 중에 IT 관련 지식이나 기술을 살려 잘 어필했다면, DX 추진 담당으로 발탁될 가능성이 커진다. 프로그래밍을 활용하여 소소한 사내 업무 자동화를 도모하는 등 주변 사람들을 도와 성과를 내면서 어필하자.

DX 추진 담당으로서 중요한 역할 중 하나는 사내 IT 엔지니어나 IT 벤더와의 원활한 의사소통이다. 여기서 프로그래밍 학습에 큰 의미가 생긴다. 시스템 관련 용어와 개념을 정확하게 이해함으로써 비즈니스와 IT를 잇는 다리 역할로 활약할 수 있다. 따라서 IT 엔지니어와 공통 언어를 갖춘다는 목적으로 프로그래밍을 학습하면 좋겠다.

❹ IT/DX 컨설턴트

기업의 DX화가 진행되면서 수요가 높아지고 있는 직종이 IT/DX 컨설턴트다. 이 직종은 기업의 시스템 개발 프로젝트를 추진하거나, 새로운 시스템 도입을 지원하는 것이 주된 역할이다.

IT/DX 컨설턴트에게는 업무의 흐름을 정리하고 이해할 수 있는 능력과 그 업무를 시스템화하기 위한 IT 기술이 요구된다. 이 직종은 자신의 경험과 전문 지식을 IT 지식과 조합하여 자신의 시장 가치를 높이는, 경력 합치기를 실현할 수 있는 경력 통행중이다.

● 요구되는 기술

프로그래밍 기술을 포함한 IT를 능숙하게 다루는 능력, 프로젝트 관리와 조건 정의 기술, 대상 영역의 업무 경험과 지식이 요구된다.

● 로드맵 예시

자신의 전문 분야나 업계 관련 지식을 IT 기술과 조합해보자. 영업직이라면 CRM이나 SFA에 관한 컨설팅이 적합할 테고, 운영 지원 업무 경험이 있다면 운영 지원 업무의 IT화를 지원하는 컨설턴트가 유력한 선택지가 될 수 있다.

프로그래밍 학습을 토대로 시스템 구축 및 데이터 취급 방법에 대해 잘 알아두면, '기술적인 관점'에서 올바른 판단을 할 수 있게 된다. 예를 들어, 고객이 실현하고 싶은 시스템화의 난이도를 정확하게 예상할 수 있다면 프로젝트의 위험성을 줄일 수 있다. 위험성을 생각할 수 없는 컨설턴트와 비교하여 유력한 무기를 갖게 되는 셈이니 쉽게 가치를 발휘할 수 있다.

현직에서 시스템 도입 프로젝트에 관여한 경험이 있다면, IT/DX 컨설턴트로 직종을 바꿀 때 어필할 수 있는 포인트가 된다. 현재 직장에서 그런 기회가 있다면 적극적으로 경험을 쌓도록 하자.

❺ SaaS 인재

SaaS(Software as a Service)는 클라우드 기반 애플리케이션이나 도구를 제공하는 서비스로, 기업의 DX 추진에 따라 빠르게 성장 중인 업계다. 이렇게 성장성이 높은 업계에 속하면 경력에 좋은 영향을 줄 수 있다.

IT 서비스를 축으로 한 비즈니스이므로 IT 엔지니어를 비롯한 다양한 업종과 제휴하여 비즈니스를 하는 것도 SaaS 기업에서 경력을 쌓는 매력 포인트다. 예를 들어, 영업직이 마케팅 업무에 관여하거나, 마케팅직이 서비스 개발에 관여하는 등 자신의 의욕에 따라 다른 업무까지 폭을 넓힐 수 있어 다방면으로 활약하는 인재로서 시장 가치가 높은 경력을 쌓을 수 있다.

● 요구되는 기술

SaaS 등 IT 서비스 관련 지식 및 이용 경험, 업계 경험이나 업계 지식, 상황 파악 및 새로운 기술 이해 능력, IT 엔지니어 등 다양한 역할과의 의사소통 능력이 요구된다.

● 로드맵 예시

IT 업계와 다른 분야에서 SaaS 기업으로 이직할 경우 업계 및 직종에 관한 깊은 지식이 어필 포인트가 된다. 업계나 직종의 경험에 기초한 깊은 지식은 고객을 이해하는 데 도움이 되므로 귀하게 여겨진다. 자신의 경험과 대조하여 경험을 어필할 수 있는 기업을 목표로 이직 활동을 하면, 뽑힐 가능성이 커진다.

SaaS 기업을 목표로 하는 이직 활동에서는 IT에 관한 기초 지식과 소양을 갖춘 것도 어필 포인트다. 예를 들어 영업직이라도 제공하는 SaaS에 대해 잘 알지 못하면 좋은 성과를 내기 어렵다. 더불어 고객의 요구를 파악하고 이를 실현 가능한 제안과 연결할 수 있는 능력이 요구된다. 프로그래밍을 포함한 IT 기술을 어필하며 이직 활동에 힘써보자.

⑥ 스타트업 창업가

이 책의 독자 중에도 장래에 창업하고 싶은 사람이 있지 않을까? 현재 스타트업 업계는 눈부신 성장세를 보이고 있다. 일본에서는 국가 차

원에서 스타트업을 지원하는 경제 정책에 무게가 실리고 있어 이러한 순풍을 타고 더 큰 도전을 할 절호의 기회다.

스타트업 창업가로서 IT 서비스를 시작하려는 경우에도 <u>프로그래밍을 할 줄 알고 IT 기술을 갖추고 있는 편이 절대적으로 유리하다.</u> 자신이 꼭 모든 서비스를 개발할 필요는 없지만, 기술에 대한 이해가 서비스에 대한 아이디어나 성장과 직결되기 때문이다.

● 요구되는 기술

프로그래밍 기술, 서비스 개발 관련 지식 및 기술, 고객을 이해하고 파악하여 끌어들이는 능력이 요구된다.

● 로드맵 예시

프로그래밍을 배워 자신의 아이디어를 구체적으로 보여주는 프로토타입 작성을 목표로 하자. 실제로 움직이는 형태로 아이디어를 제시하면, 고객으로부터 피드백을 얻기 쉬워지고, 이는 곧 더 많은 사람이 찾는 서비스로 개선하는 데 도움이 된다. 그뿐만 아니라 동료 모집이나 투자자 등을 통한 자금 조달에서도 유리하게 작용한다.

많은 스타트업 창업가들이 <u>IT 엔지니어가 아니더라도 스스로 프로토타입을 만든다.</u> 새로운 서비스를 시작하려는 "열의"를 증명하기 위해서도 스스로 배우고 손을 움직여 서비스를 만들어 보기 바란다. 그 열의가 주위에 전달되어 많은 사람을 끌어들일 수 있다.

02

챗GPT 활용 인재의 경력

챗GPT로 대표되는 생성형 AI의 진화는 이제 막 시작되었다. 이번 절에서는 미래를 내다보고 생성형 AI를 활용하는 인재의 경력에 대해 프로그래밍에 한정하여 생각해보자.

챗GPT 시대에 요구되는 비즈니스 기술의 변화

Indeed Hiring Lab Japan의 보고서에 따르면 일본에서는 〈그림 8-1〉과 같이 생성형 AI 관련 일자리가 2023년에 들어 급증하고 있다.

(그림 8-1) 생성형 AI 관련 일자리가 2023년에 들어 급증

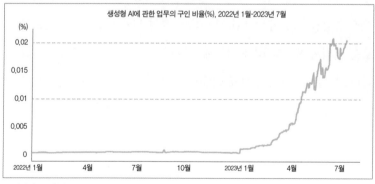

※ 데이터는 7일 이동 평균
※ 생성형 AI 관련 구인의 비율 추이. 기간은 2022년 1월 1일부터 2023년 7월 31일까지
출처: Indeed Hiring Lab Japan '신흥노동시장: 생성형 AI 관련직의 대두'

구인 내역은 '소프트웨어 개발'이 34%를 차지하고, 그다음으로 '사무'(13%), '크리에이티브'(11%)로 이어진다. 생성형 AI를 개발하는 엔지니어뿐만 아니라 생성형 AI를 활용하여 결과물의 품질을 높일 수 있는 디자이너나, 업무를 효율화할 수 있는 사무, 영업, 집필, 편집, 번역 업무 등도 포함되어 있다. 생성형 AI를 활용할 수 있는 인재가 요구되기 시작했음을 알 수 있다.

몇 년 전에는 'AI로 인해 사라지는 일'은 공장이나 접객 등 육체노동을 하는 일이라고 예상했지만, 생성형 AI가 등장하면서 사실 '사무직이 가장 영향을 받기 쉬운' 분야라는 견해가 강해지고 있다.

생성형 AI를 활용하여 비효율적인 작업과 의사소통, 인력 부족 등의 과제를 극복하는 기술은 우리 직장인들의 생존 전략이자 생성형 AI 시대에 반드시 요구되는 기술이 될 것이다.

더불어 '프롬프트 엔지니어'라는 새로운 직업도 탄생했다. 이는 생성형 AI에서 사용하는 프롬프트를 개발하여 더욱 정확한 콘텐츠 생성과 문제 해결을 도모하는 직업이다. DX라는 개념이 보급되면서 많은 프로젝트와 직업, 시장이 탄생한 것처럼, 생성형 AI와 관련해서도 앞으로 새로운 직업과 생성형 AI를 업무에 활용하는 프로젝트가 많이 생겨날 것이다. 시대 변화에 유연하게 대응하고 생성형 AI를 활용하면 경력 면에서도 가능성을 크게 넓힐 수 있다.

▣ 챗GPT 활용 인재의 경력 전략(이직)

생성형 AI 관련 일자리가 늘어나는 가운데 그 기회를 잡으려면 어떤 방식으로 접근해야 효과적일까?

중요한 포인트를 한 가지 꼽으라면, 희소성 어필을 들겠다. 단순히 챗GPT를 사용하여 글을 요약하거나 아이디어를 생성하는 것만으로는 다른 많은 지원자와 큰 차이를 두기 어려울 것이다. 희소성을 높이는 한 가지 방법은 다른 기술과 조합하는 것이다. 예를 들면, 프로그래밍과의 조합이 유력한 선택지가 될 수 있다. 챗GPT를 구사하여 작성한 웹앱, 업무 효율화 프로그램, 데이터 분석 같은 실적은 이직 시장에서 자기 PR을 하는 데 매우 강력한 무기가 된다.

그 밖에도 특정 업종 경험과 생성형 AI를 합친 기술도 좋게 평가된다. 영업직으로서 챗GPT를 이용하여 고객 획득에 공헌하거나, 경리직으로서 생성형 AI를 이용하여 업무를 효율화한 경험 등은 어필 포인트가 된다.

단순히 챗GPT에 정통할 뿐만 아니라 이제는 '기술 합치기'를 의식하여 생성형 AI와 마주해나가면, 더 높은 수준의 경력으로 도약하는 기회를 잡을 수 있으리라고 생각한다.

▣ 챗GPT 활용 인재의 경력 전략(사내)

사내에서 챗GPT를 활용할 수 있는 인재로서 기회를 얻기 위해서는 사내 일인자가 되는 것을 목표로 하면 좋겠다. 예를 들어, 다음과 같이 접근하면 일인자가 되는 데 효과적인 행동을 할 수 있다.

① 사내에서의 적극적으로 알리기

챗GPT를 활용한 업무의 성공 사례나 성과를 일보나 주보를 통해 사내에 알리자. 그것을 보고 관심을 가진 사람들과 챗GPT 활용 동료로서 연계하여 활동하는 것도 좋겠다.

② 실무에서 적극적으로 응용하기

일상적인 업무에서 챗GPT를 활용하여 해결할 수 있는 과제를 적극적으로 찾아 도전해보자. 작은 문제부터 시작해도 좋으니 실제로 생성형 AI를 사용하여 문제를 해결 사례를 이루어내면 사내에서 새로운 의뢰가 들어올 수도 있다.

❸ 커뮤니티 참여와 기여

생성형 AI에 관한 사외 커뮤니티에 참가하고 공헌하여 사내에 유익한 정보나 네트워크를 제공하자. 사내 활동도 중요하지만 외부에서 새로운 지식을 얻으면 더 큰 성과를 낼 수 있다.

이러한 활동을 하다보면 자연스럽게 사내에서 그 분야의 리더로 여겨진다. 다른 사람에게 상담할 수 있는 사람으로 여겨지거나, 새로운 프로젝트를 이끄는 역할을 맡을 가능성도 있다. 생성형 AI는 아직 새로운 기술 분야여서 사내에 정통한 사람이 적을 것이다. 이러한 전환점에서 적극적으로 행동하여 기회를 잡자.

'앞으로의 생성형 AI×경력'

  여기서는 생성형 AI를 경력에 도입하는 방법에 대해 Cynthialy 주식회사의 CEO 구니모토 지사토 씨와 나눈 대담*을 일부 발췌하여 소개하겠다.

▌생성형 AI의 미래에 대하여

호리우치 구니모토 씨는 현재 Cynthialy 주식회사의 대표로서 생성형 AI 기술의 보급과 기업의 인재 육성 등에 힘쓰고 계신데, 앞으로 생성형 AI는 어떤 식으로 발전, 혹은 사회에 보급될 것이라고 생각하시나요?

구니모토 저는 2024년을 '비즈니스 구현의 해'라고 말하고는 합니다. 2023년은 '생성형 AI의 원년'으로, 놀이하듯이 챗GPT를 이용했었습니다. 앞으로는 각 기업이 업무에 생성형 AI를 도입하여 비즈니스를 변

---

* 저자가 감수하는 DX를 무료로 배울 수 있는 학습 서비스 'BOXIL DX Learning'에서 제공하는 콘텐츠 '앞으로의 생성형 AI×경력' 기사를 일부 게재.

화시키는 흐름이 일어나리라고 생각합니다.

여기서 중요한 것이 생성형 AI를 사용한 결과, 얼마나 효과가 있었는가 하는 점입니다. 예를 들면, 글쓰기 업무에서는 집필부터 편집까지 10시간이 걸렸는데, 생성형 AI를 사용하면 1시간 만에 끝나는, 그런 사례가 이미 많이 나왔습니다. 이처럼 시간 대비 효과가 뚜렷해지기 쉬운 것도 생성형 AI의 특징 중 하나입니다.

이처럼 비즈니스에서 효과가 확산되면 '사용하지 않을 이유가 없다.'라는 흐름이 만들어지고, 각 기업에서 도입하게 될 것이라고 생각합니다.

▌생성형 AI 시대의 직장인으로서 요구되는 능력

호리우치 앞으로는 '비즈니스 실적'이 핵심이 되고, 업무에서 활용함으로써 더욱더 수치 등 눈에 보이는 효과가 나타나 보급이 가속화될 것이라는 말씀이군요.

그런 사회의 흐름 속에서 생성형 AI를 아군으로 만들고자 하는 직장인들에게 요구되는 능력에 대해서는 어떻게 생각하시나요?

구니모토 생성형 AI를 관리하는 능력이 가장 많이 요구된다고 생각합니다. 지금 생성형 AI를 더 잘 활용하는 '프롬프트 엔지니어링'이 화제인데, 이것은 쉽게 말하면, 업무에서 세세한 지시를 적절히 해내는 능력과 같습니다.

예를 들어 챗GPT에 "이 보고서를 정리해줘."라고 지시하면, 몇 글자로 정리해야 할지도 알 수 없고, 어떤 문체를 사용해야 할지, 무엇을 주제로 써야 할지 알 수 없어 원하는 답변을 받을 수 없습니다. 그런데 '5,000자 정도로'나, '~ㅂ니다 말투로'나, '이 보고서를 참고해서 작성해줘.' 등과 같이 구체적으로 지시하면 원하는 답변을 얻을 수 있습니다.

이러한 생성형 AI에 대한 지시는 매니저가 부하에게 지시하는 일과 같다고 할 수 있습니다. 사람을 적절히 관리하여 성과를 거두도록 하듯이, 생성형 AI를 활용할 때도 관리 능력이 필수입니다.

호리우치 '생성형 AI를 관리하는 능력'에 대한 이야기를 듣고 '생성형 AI 시대에는 모든 사람이 매니저가 되어야 하겠구나.'라고 느꼈습니다. 그 밖에 어떤 능력이 요구될 것으로 예상하시나요?

구니모토 업무를 이해하고 적절한 질문을 할 수 있는 업무 이해 능력과 질문 능력 역시 중요합니다.

예를 들어, 기초적인 동영상 편집 기술이 없는 사람이 동영상 편집자가 되고 싶다고 생각해서 생성형 AI를 사용해도, 비즈니스에서는 사용할 수 없는 퀄리티가 나옵니다. 이는 그동안 생성형 AI가 보급되며 드러난 사실입니다. 동영상 편집 업무를 이해하고, AI가 생성한 콘텐츠를 수정하거나, 개선하는 과정 등을 거치면서 비즈니스에서 사용할 수 있는 콘텐츠를 효율적으로 작성할 수 있습니다. 이 사례에서 알 수 있듯이 생성형 AI를 비즈니스에서 활

용하려면, 대상 업무에 대해 이해하고 있어야 합니다.

호리우치 대상 업무에 관한 지식이나 경험이 있어야 생성형 AI를 사용했을 때 높은 퀄리티의 결과물을 낼 수 있다, 그렇게 해석했는데요. 단순히 '생성형 AI를 사용할 수 있는' 것보다 업무 경험과 맞물려야 업무에서도 사용할 수 있고, 강점도 되는 능력으로 승화할 수 있다는 말씀이군요.

구니모토 네. 그리고 업무 지식과 생성형 AI를 잇는 다리가 되는 것이 질문 능력입니다. AI가 생성하는 것을 업무에서 활용할 수 있는 퀄리티로 끌어올리기 위해서는 적절한 질문을 하는 능력이 요구됩니다.

호리우치　마인드셋 측면에서 앞으로 어떤 것이 요구될까요?

구니모토　'자신의 일을 생성형 AI에게 빼앗기지는 않을까?' '생성형 AI라니, 무서워.' 이런 풍조가 있지만, 저는 'AI는 자신의 능력을 확장해주는 것'이라고 생각합니다.

저는 생성형 AI 기술을 익힌 후부터 마케팅과 디자인, 엔지니어 일을 잘할 수 있게 되었습니다. 다양한 기술로 결과물을 내놓을 수 있게 된 것은 생성형 AI 덕분입니다. AI를 잘 활용하겠다, 새로운 기술을 익히겠다는 마인드셋이 굉장히 중요하죠.

▌ 생성형 AI를 경력에 활용하다

호리우치　생성형 AI의 발전이 개인의 경력에 어떤 영향을 미칠까요?

구니모토　직업의 3분의 2가 생성형 AI의 영향을 받는다고 합니다. 그렇게 되면 기존의 종신 고용이 사라지고, 요구되는 경력과 기술이 점점 바뀐다는 전제로 생각해야 합니다.

AI로 인해 사라지는 직업이 있다는 말을 자주 듣는데, 반대로 새로운 일도 많이 생깁니다. 예를 들면, 앞서 말씀드린 생성형 AI를 관리하는 'AI 매니저' 등이 새로운 직업으로 자리 잡지 않을까 합니다.

호리우치　AI가 발전함으로써 인재와 직업의 유동성이 점점 높아진다는 말씀이군요.

구니모토 네. 따라서 누군가 깔아준 레일이 없다는 전제하에 경력을 쌓으려면, 예를 들어 1년 후나 3년 후에 자신이 어떤 모습이 되고 싶은지 단기적인 단위로 경력에 대해 생각하며 시대에 적합한 인재가 되어가는 것이 중요하다고 생각합니다.

호리우치 직장인들이 생성형 AI를 아군으로 만들기 위해서는 어떤 행동을 취해야 할까요?

구니모토 우선은 지금 하는 1일, 1주일의 업무 중에서 무엇이 되었든 생성형 AI를 사용하여 효율화, 자동화에 도전해보면 좋겠습니다. 사용하다보면 AI의 속도나 좋은 아이디어를 준다는 점에서 가치를 느끼게 될 것입니다.

메일 작성법이나 프로그래밍 샘플 코드 등 평소 인터넷으로 정보를 구하는 일에도 생성형 AI를 사용해봤으면 합니다. 생성형 AI는 인터넷상의 여러 가지 정보를 통해 학습하기 때문에 인터넷에 있는 정보를 사용한 아웃풋에 강합니다. 인터넷으로 정보를 구하면서 하는 업무를 적극적으로 생성형 AI에 맡기면 활용 범위를 넓힐 수 있습니다.

그리고 생성형 AI가 생성한 것을 어떤 형태로 고객에게 제공할지와 같은 최종적인 의사결정은 자신이 해야 합니다.

AI가 생성한 것에 대한 의사결정 능력은 앞으로도 필요하므로, 생성형 AI의 아웃풋을 그대로 받아들이지 않고 의사결정을 하는 경험을 쌓으면 좋겠습니다.

호리우치 여러분도 이 이야기를 바탕으로 생성형 AI를 자신의 활동에 도입
하면서 더 좋은 경력을 쌓아갈 수 있기를 바랍니다. 구니모토 씨,
대단히 감사합니다.

Profile

Cynthialy 주식회사
대표이사 CEO
구니모토 지사토 (國本 知里)

SAP, AI 스타트업 등 사업 개발에 힘
쓰다 AI 특화 에이전트 회사를 창업했
다. 그 후 사회의 생성형 AI의 도입을 촉
진하기 위해 Cynthialy를 창립했다. 기업용 생성형 AI 인재 육성 'AI
Performer', AI Transformation(AIX) 사업을 전개 중이다. 여성 AI 추
진 리더 커뮤니티 'Women AI Initiative'를 창설했다. 생성형 AI 활용
보급협회 협의원 등 생성형 AI의 보급에 임하고 있다.

이 책을 읽어준 분들에게 진심으로 감사드린다.

'시작하며'에서 언급했듯이 프로그래밍은 직장인들이 어려워하는 분야다. 한편으로 기술을 습득함으로써 DX 분야에서 크게 활약할 기회를 얻을 수 있다.

세상을 둘러보면, IT 인재 부족은 사회가 성장하기 위해 해결해야 할 큰 과제로 다가오고 있다. 나는 이 과제를 교육 영역에서 해결하여 더 많은 사람이 활약할 수 있도록 그동안 교육 사업과 서비스에 힘을 쏟았다. 그리고 그 과정에서 프로그래밍 학습을 성공시키는 방법을 연구해 왔다.

오랫동안 노력하며 알게 된 사실이 있다. 학습에 성공하려면 자기 자신과 제대로 마주하는 것이 정말 중요하다는 사실이다. 어느 교재로 배우느냐, 누구에게 배우느냐보다, 자기 자신의 문제를 어떻게 마주하고 해결해 나가느냐가, 학습 성과를 크게 좌우한다. 예를 들어서 '이해하지 못한 부분을 완전히 이해할 때까지 배운다.'라든가, '학습 의욕이 떨어지기 전에 문제를 해결한다.'와 같이 자신에게 맞는 방법으로 배우는 것이 학습을 성공시키는 열쇠다.

이 책의 주제인 챗GPT를 포함한 생성형 AI는 프로그래밍 학습을 근본적으로 바꿀 가능성을 내포하고 있다. 일반화된 학습법이 아닌 자기 자신의 문제와 마주하고 해결하는 데 초점을 맞춘 학습법을 실현할 수 있다.

이 책에서 다룬 챗GPT를 사용한 공부법이나 실전 프로그램을 통해 독자 여러분이 문제를 해결할 때 새로운 발견이나 학습 동기를 얻을 수 있다면 기쁠 따름이다.

챗GPT를 비롯한 생성형 AI는 앞으로도 계속 진화할 것이다. 생성형 AI를 활용할 때 가장 중요한 능력은 지속적으로 배우고 기술을 업데이트하는 '끊임없이 배우는 힘'이라고 할 수 있다. 독자 여러분은 이미 '챗GPT를 활용하여 프로그래밍을 배운다.'라는 새로운 주제에 대한 도전을 통해 '끊임없이 배우는 힘'을 갖추었다. 여러분이 변화무쌍한 시대에도 계속 활약하기를 진심으로 바란다.

이 책은 많은 사람의 협력 없이는 완성될 수 없었다.

스마트캠프 주식회사의 아베 신페이 씨, 야스다 도모후미 씨로부터 'BOXIL DX Learning' 제휴를 비롯하여 인재 육성에 관한 많은 의견과 조언을 받았다. 주식회사 E9Technologies의 시마노 다쿠야, 분토 슈야 씨로부터는 실전 가이드 구성과 샘플 코드 작성에 함께해주었다. 다미야 나오토 씨는 서적을 출판한 선배로서 책 내용에 관해 많은 조언을 해주었다. 시부카와 요시키 씨, 지바 슌 씨, 이토 다이세이 씨는 소프트웨어 엔지니어로서 기술적인 내용 개선과 프로그래밍을 배우는 데 중요한 관점에서 검토해주었다.

그리고 후루타 히데유키 씨, 마스다 고헤이 씨로부터 친구로서 솔직한 의견과 격려를 받았다.

모든 분에게 단순한 표현 수정이나 오탈자 지적뿐만 아니라 내용의 추가나 개선에 이르기까지 폭넓은 피드백을 받았다.

더불어 쇼에이샤의 하세가와 가즈토시 씨로부터 5년 만에 연락을 받은 덕분에 이 책을 낼 기회를 얻게 되었다. 오쿠보 하루카 씨에게 빠르게 교정받으며 끝까지 다듬을 수 있었다.

이 자리를 빌려 진심으로 감사를 표하는 바이다.

- 호리우치 료헤이

[숫자]

1차 프롬프트   71

[A~G]

Activate(VBA)   282

Add(VBA)   282

AI의 민주화   40

bar 함수(파이썬)   321

Close(VBA)   282

Code Interpreter   162

Code Interpreter로 알고리즘을 학습한다   164

CONCATENATE 함수(엑셀)   252

Copy(VBA)   282

CSS   212

CSS의 역할과 구성   213

CSS 프레임 워크   239

DALL-E3   160

DATE 함수(엑셀)   252

describe 함수(파이선)   315

df   309

Dim   267

Do While ... Loop(VBA)   292

Do...Loop   270

DOM(Document Object Model) 조작   234

DX 인재 부족   27

EOMONTH 함수   258

Exit Function   270

Exit Sub   270

For...Next   270

Function   270

GPT-3.5와 GPT-4의 주요 차이점   37

GPT-4V(GPT-4 with vision)   156

grid 함수(파이썬)   321

groupby 함수(파이썬)   315

[H~M]

head 함수(파이썬)   315

hist 함수(파이썬)   321

HTML의 역할과 구성   213

If...Then...Else   270

IF 함수(엑셀)   252

import pandas spd 실행   306

info 함수(파이썬)   315

IT/DX 컨설턴트   347

IT 엔지니어   343

koreanize-matplotlib 라이브러리   322

legend 함수(파이썬)   321

LLM(Large Language Models)   36

loc 함수(파이썬)   312

matplotlib 라이브러리   321

matplotlib로 그릴 수 있는 대표적인 그래프의
종류   337

max 함수(파이썬)   315

mean 함수(파이썬)   315

Mermaid   189

Mermaid 온라인 에디터 화면   191

min 함수(파이썬)   315

[O~T]

Open(VBA)   281

pandas(파이썬)   306

plot 함수(파이썬)   321

PrintOut(VBA)   282

PrintPreview(VBA)   282

Procedure   269

SaaS 인재   348

Save(VBA)   282

SaveAs(VBA)   282

scatter 함수(파이썬)   321

Select Case   270

Set   270

Sheets(VBA)   281

show 함수(파이썬)   321

Socratic tutor   152

sort_values 함수(파이썬)   315

Sub   270

Subroutine   269

SUM 함수(엑셀)   252

sum 함수(파이썬)   315

SUM 함수를 청구서에 적용한 예   253

tail 함수(파이썬)   315

TEXT 함수(엑셀)   252

title 함수(파이썬)   321

ToDo 관리 서비스 작성 방법   200

[V~Y]

Value(VBA)   281

VBA(Visual Basic for Applications)   259

VLOOKUP 함수(엑셀) 252

With...End With 270

Workbooks(VBA) 281

xlabel 함수(파이썬) 321

ylabel 함수(파이썬) 321

[가~다]

각 행을 이해하고 원리를 파악한다 99

값 20

객체 224

객체, 메서드, 속성의 관계성 226

게으름(Laziness) 176

구글 코랩 300

구글 코랩 환경 준비 300

구글 코랩(Google Colaboratory) 300

글자가 깨진 그래프 322

기능 추가 240

기업의 DX 추진 담당 345

꺾은선그래프 작성 방법 326

다른 언어로의 변환을 요청하는 방법 178

단가와 매출의 관계성을 분석하는 방법 332

단순한 실수의 예 82

답변에서 이해되지 않는 점에 대해 추가 질문하는 방법 74

데이터 세트 170

데이터 프레임 309

동적인 변경 227

디버그 98

디자인을 개선한다 237

[라~사]

라이브러리 182

레코드 310

롤 프롬프트 43

리본 263

리팩토링 106

매출의 평균값, 최댓값, 최솟값을 가져온다 313

매크로 259

매크로 작성 및 실행 방법 247

멀티모달 AI 156

메서드 224

모듈 182

문 270

문서 186

문서 객체 모델 234

문제 분리 85

배운 것을 챗GPT와 함께 글로 쓴다 146

베껴 쓰기 문제 제출을 의뢰하다 111

부업 61

'분석 보기'를 클릭하면 표시되는 코드 163

사용자 수 100만 명을 달성하는 데 걸린 일수
(챗GPT) 35

사이트 링크도 첨부된 답변을 받았다 87

상품 마스터 시트를 작성한 예 256

샘플 데이터의 편집 171

생각의 사슬(Chain of Thought(CoT)) 44

생성형 AI 36

생성형 AI에 관한 업무의 구인 비율 351

서브루틴 269

선택자 218

성급함(Impatience) 176

소크라테스식 가정교사 152

손을 움직이는 양과 기술 숙련도는
비례한다 119

스크립트 174

스타트업 창업가 349

[아]

'안다'와 '할 수 있다'의 차이 195

안티 패턴 129

엑셀 업무의 자동화 246

열 310

오류 메시지 21

오류에서 배운다 81

오만(Hubris) 176

요소 310

움직임을 더하는 방법 219

원리를 파악한다 99

원하는 답변을 받는 요령 42

웹 검색 기능 166

웹 서비스 작성을 통한 학습 단계 197

인덱스 310

인수 224

인터프리터 71

[자~카]

자바스크립트 219

자바스크립트의 역할과 구성 213

'작동하면 된다'보다 한층 더 높은 수준을 목
표로 한다 126

제너레이티브 AI 36

좋은 코멘트의 조건 127

주문 226

채팅 기록 저장 비활성화 방법 48

치트 시트 92

챗GPT 35

챗GPT가 프로그래밍 학습에 효과적인 이유 49

챗GPT를 사용할 때 주의할 점 46

챗GPT를 시작하는 방법 38

챗GPT 활용 사례 30

챗GPT 활용 인재의 경력 전략(사내) 354

챗GPT 활용 인재의 경력 전략(이직) 353

칼럼 310

코드의 품질 120

코딩 문제 59

[타~하]

태그 213

테스트 134

텍스트 편집기를 실행한다 204

트렌드를 분석한다 329

특정 폴더 내의 파일 이름 목록을 가져온다 286

패키지 182

퓨샷 프롬프트 44

프로그래밍 기술의 가능성 28

프로그래밍 학습의 흐름 58

프로시저 269

프로퍼티 218

프롬프트 40

프롬프트 엔지니어링 42

필드 310

필요한 기술과 도구 선정에 도움을 받는다 182

학습 기록의 장점 139

학습 로드맵 작성 25

학습 피라미드 147

행 310

헤더 310

흐름도 189

히트맵 335

챗GPT 완벽 활용!
비즈니스맨을 위한 프로그래밍 공부법

초판 1쇄 발행 2025년 6월 4일

지은이 호리우치 료헤이
옮긴이 박수현
감수   양일두
펴낸곳 ㈜에스제이더블유인터내셔널
펴낸이 양홍걸 이시원

홈페이지 siwonbooks.com
블로그·인스타·페이스북 siwonbooks
주소 서울시 영등포구 영신로 166 시원스쿨
구입 문의 02)2014-8151
고객센터 02)6409-0878

ISBN 979-11-6150-980-8 (13000)

시원북스는 ㈜에스제이더블유인터내셔널의 단행본 브랜드입니다.

독자 여러분의 투고를 기다립니다.
책에 관한 아이디어나 투고를 보내주세요.
siwonbooks@siwonschool.com